한영 번역, 이럴 땐 이렇게

조원미   이화여자대학교 영어영문학과와 한국외국어대학교 통번역대학원 한영과를 졸업했으며
Columbia University in New York TESOL을 졸업했다. 현재 고려대–맥쿼리대(Macquarie
University) 통번역 프로그램 교과 과정 연구 전임으로 있으며 한국외국어대학교 사이버대학교에서 초
급, 중급 번역 강의를 하고 있다. 미국 9·11사태 때 한인 피해자들을 위한 통번역사로 활동하여 미국 적
십자사로부터 감사장을 받은 바 있으며, 지은 책으로『번역, 이럴 땐 이렇게』 등이 있다.

한영 번역, 이럴 땐 이렇게

2014년 11월 21일 초판 1쇄 발행
2024년 5월 7일 초판 8쇄 발행

지은이 조원미
펴낸곳 부키(주)
펴낸이 박윤우
등록일 2012년 9월 27일 등록번호 제312-2012-000045호
주소 서울시 마포구 양화로 125 경남관광빌딩 7층
전화 02) 325-0846
팩스 02) 325-0841
홈페이지 www.bookie.co.kr
이메일 webmaster@bookie.co.kr
제작대행 올인피앤비 bobys1@nate.com
ISBN 978-89-6051-438-6 13740

한영 번역,

Korean English Translations

조원미 지음

이럴 땐 이렇게

이다새

노력하지 않는 것보다 더 큰 실패는 없다

미국의 유명 아동작가인 자렛 크로소작(Jarrett Krosoczka)은 자신의 초등학교 시절 학교 식당 아주머니가 세월이 꽤 흐른 뒤에도 그곳에서 급식을 담당하고 있는 것을 보고 영감을 얻어 『Lunch Lady』라는 만화를 그리기 시작했습니다. 만화를 보면 lunch lady가 주방용 기구를 이용해 아이들을 해치려는 악당들을 물리치고 마지막에 항상 "Justice is served." 라고 외칩니다.

Justice is served.는 "정의는 지켜졌다." 라고 직역하기보다는 "정의는 살아 있다." 라고 해야 어색하지 않습니다.

그러면 "정의는 살아 있다." 라는 우리말을 다시 영어로 번역할 때는 어떻게 해야 할까요? 우리말 그대로 Justice is alive.가 되어야 할까요? 그렇지 않습니다. 우리말 그대로 직역하기보다 영어식 표현인 Justice is served.라고 해야 올바른 번역이 될 것입니다.

정리하면, 한영 번역은 우리말 그대로가 아닌 영어식 표현으로 다시 쓰기, 즉 리라이팅(rewriting)입니다. 번역학의 거두 앙드레 르페브르(André Lefèvere)는 Translation is a form of rewriting.으로 정의했습니다.

우리나라 영어 학습자들을 보면 독해는 좀 하는데 영작을 어려워하는 경우가 많습니다. 예컨대 People are affected by heat.라는 영어 문장은 금방 이해하지만, "사람들이 더위를 먹고 있다." 라는 우리말을 영어로 써 보라

하면 주저합니다. '더위를 먹다'가 eat heat는 분명 아닌데, 그럼 어떻게 번역해야 하나 하면서요. 우리말 표현이 끝도 없이 다양해서 이에 대한 영어 표현과 구조를 찾는 것은 당연히 쉽지 않습니다.

어려운 영어 논문이나 《타임(Time)》을 술술 읽어 내는 사람들도 간단한 이메일이나 자기소개서를 영어로 써야 할 상황에 부딪치면 몇 번이나 망설이며 적합한 표현인지 아닌지 인터넷 검색을 하고 또 합니다.

자기소개서는 영어로 SOP(Statement of Purpose)입니다. 목적에 맞는 글, 이를테면 입사 지원을 목적으로 하는 자기소개서는 왜 지원하려는지, 무엇을 할 수 있는지 등을 녹여내는 글입니다. 대학에서 번역센터를 운영하면서 학생들이 영어로 쓴 자기소개서를 많이 보았습니다. 어떤 학생은 그냥 한글로 써 와서 영어 번역과 교정을 의뢰합니다. 또 어떤 학생은 영어로 써 와서 교정만 의뢰합니다. 그런 일을 관리하다 보니, 교정만 요청하는 의뢰인들에게서 한 가지 공통점을 발견했습니다. 자신이 쓴 자기소개서를 멋진 영문으로 환생시켜 줄 것을 기대한다는 점입니다. 예를 들어 "나는 미국 문화를 중시하는 사람이다."라는 문장을 I am the person who considers American culture important.라고 써 놓고 교정을 의뢰합니다.

I am the person who considers American culture important.는 전달하고자 하는 의미가 명확하고 문법에 맞는 문장입니다. 따라서 교정할 것이 없습니다. 그러나 교정을 의뢰한 사람은 이 문장을 교정자(proofreader)가 I respect American culture.와 같이 다시 써 주기(rewriting)를 기대합니다. 그래서 검토와 교정을 했음에도 불만을 표현합니다. "교정한 게 없는 것 같은데요? 교정한 게 맞아요?"라고 하면서요. 그럴 때면 저는 이렇게 말합니다. "교정을 했습니다. 교정은 문법적 오류나 의미 전달이 안 되는 부분만 찾아

서 수정하는 것이지 전체 문장 구조나 표현을 업그레이드하는 것이 아닙니다." 그러면 자신이 쓴 영어 자기소개서를 그대로 보내기가 조심스럽다며, 정식으로 번역을 의뢰하는 경우도 종종 있습니다.

돌아보면, 우리는 참 많은 영문을 읽고 외우고 하였습니다. 그런데 왜 필요한 영문 한 줄을 내 마음에 들게 쓰기는 이렇게 어려운 것일까요?

저도 그럴 때가 있었습니다. 그럴 때마다 '잘하고' 싶었습니다. 수업 시간을 돌이켜 보면 교수자가 한글 텍스트를 주고 학생의 번역 과제물을 평가하고 자신이 번역한 텍스트를 제공하는 방식이었습니다. 오류가 있는 부분에 빨간 줄이 있고 그에 따라 성적이 매겨졌지만, 학습자는 그에 대한 충분한 설명을 들을 수가 없었습니다. 가장 많이 듣는 설명이 "영어에서는 이렇게 쓰지 않는다."였습니다. 그러면 원어민으로 태어나지 않는 이상 영어다운 문장을 구사할 수 없나, 하는 의문에서 제 번역 교수법은 시작되었습니다.

학교에서 한영 번역 강의를 한 지도 10년이 되어 갑니다. 수업 시간에 학생들에게 한글 텍스트를 주면 제가 처음에 그랬듯이 대부분이 우리말 구조와 글자를 손가락으로 짚어 가면서 있는 그대로 영어로 바꾸어 번역합니다. 그것부터 바꾸어야 합니다. 예를 들어 "친구들이 그의 행동이 수상한 것을 보고 경찰에 신고했다."라는 문장을 한영 번역하라고 하면 많은 이들이 His friends reported him to the police after they saw him behaving strangely.라고 씁니다.

하지만 이것은 잘못된 번역입니다. 한영 번역 전에 **우리말 문장 구조를 영어 구조로 바꾸는 분석** 과정이 전혀 없었으니까요. 위와 같은 결과물이 나오는 이유는, 학생들이 번역할 때 우리말의 조사에 따라 영문의 주어, 목적어를 결정하기 때문입니다. 이 문제의 해결 방법은 간단합니다. 우리말 문장의 의미를 확인한 후, **각 단어에 붙는 조사를 떼어 내고 핵심어만을 가지고 영어식 구조로 재구성**하면 됩니다.

"친구들이 그의 행동이 수상한 것을 보고 경찰에 신고했다." 에서 핵심어는 '친구들 / 그의 행동 / 수상 / 경찰 / 신고' 입니다. 이제 원래 문장은 잊고 이 핵심어만 가지고 영어 구조로 재구성해야 합니다. '친구들' 이 주어가 됩니다. 다음으로 생각해 볼 것은 친구들이 무엇을 신고했을까입니다. 무엇을 신고했을까요? 분명히 '그의 수상한 행동' 을 신고했겠죠. 어디에 신고했을까요? '경찰' 에 신고했겠죠. 그러니 재구성된 문장의 구조는 "친구들이 그의 수상한 행동을 경찰에 신고했다." 이고, 영어로는 His friends reported his strange behavior to the police. 입니다.

영어와 한국어는 그 구조와 표현이 서로 다릅니다. 따라서 글자만 한글에서 영어로 바꾼 번역은 잘된 번역이라고 볼 수 없습니다. 소설 『엄마를 부탁해』를 한영 번역한 김지영 번역사는 "번역이 애초부터 영어로 쓰인 글처럼 읽혀야 한다." 고 여러 번 강조했습니다.

또 하나, 한영 번역을 의뢰하는 사람은 원어민이 아니라 우리나라 사람이라는 것을 잊지 말아야 합니다. 한영 번역된 글을 가장 먼저 보는 사람이 한국 사람이라는 말입니다. 원어민이라면 영문이 한국어 구조와 표현으로 쓰여 있다고 해도 의사소통만 된다면 별 문제를 삼지 않을 수도 있습니다. 그러나 영어 원서나 영문 자료를 많이 읽은 한국인은 번역을 잘할 수는 없어도 좋은 영문을 알아보는 눈은 있습니다. 그에게 한국어의 구조와 표현이 그대로 살아 있는 번역은 분명히 부족해 보일 것입니다.

고려대학교 번역센터를 운영하면서, 또 한영 번역 강의를 하면서 한영 번역의 시행착오를 수없이 지켜보았고 관련 자료도 많이 모을 수 있었습니다. 그리고 그 경험과 자료를 바탕으로 쓴 이 책은 영문의 구조와 표현으로 번역하기 위해 **한글 문장이 영어 구조로 번역되는 과정**과 문맥을 파악하고 **적절한 표현을 구사하는 방법**을 담고 있습니다.

예를 들어 보겠습니다. "어머니는 올지도 모르는 손님을 위해 음식을 충분히 준비하셨다."는 문장에서 먼저 "올지도 모르는 손님"을 영어로 번역해 봅시다. 우리말의 구조와 표현 그대로 a guest who may come으로 쓸 수도 있습니다. 그러나 이것은 좋은 번역이 아닙니다. 왜냐하면 영어에는 이런 상황에 맞는 적절한 표현이 따로 있기 때문입니다. "김연아 선수를 누구나 다 안다."라는 문장을 Everyone knows YeonA-Kim.이라고 쓰면 번역을 잘한다는 말을 들을 수 있을까요? 이런 문맥에 적절한 표현인 household name을 이용하여 YeonA-Kim is a household name.으로 써야 번역을 잘했다고 볼 수 있을 겁니다.

그러면 어떻게 공부해야 우리말 문장을 영어의 구조와 표현으로 번역할 수 있을까요? 그 해답은 **영문 자료를 재활용**하는 데 있습니다.

우리가 리딩을 하는 목적은 대개 그 안에 있는 **정보를 습득**하기 위함입니다. 그래서일까요? 사람들은 필요한 정보를 습득하면 더 이상 그 자료를 보지 않습니다. 하지만 한영 번역을 잘하기 위해서는 리딩을 할 때부터 학습 목표가 한 가지 더 추가되어야 합니다. 즉 정보 습득과 더불어 **좋은 영문 구조 및 표현 습득**을 목표로 해야 합니다. 영어 원서나 영문 자료에는 원어민이 상황에 따라 구사하는 좋은 표현이 가득합니다. 그러므로 이 자료들을 많이 정리하고 암기해서 한영 번역에 필요한 재료들을 많이 마련해 두어야 합니다.

영어를 읽고 듣는 것뿐 아니라 말하고 쓰는 것까지 잘하고 싶다면 영어 지문을 읽을 때 정보 습득은 물론이고 영어 표현과 구조를 파악해 정리하고 외워야 합니다. 예를 들어 "에어컨 좀 세게 틀어 주세요."라는 문장을 우리말 그대로 한영 번역하면 Turn up the aircon please.가 됩니다. 하지만 원문의 의미는 '에어컨에서 나오는 바람을 세게 해 달라' 이므로 Turn up the air, please.라고 번역해야 합니다. "텔레비전 좀 크게 틀어 주세요."를 번역할 때도 마찬가지입니다. 이 말의 정확한 의미는 텔레비전을 크게 트는 것이 아니라 볼륨을 올리는 것입니다. 따라서 "볼륨을 올려 달라."고 한영 번역해야 합니다.

자, 그러면 앞에서 언급한 "올지도 모르는 손님"은 영어로 어떻게 번역할 수 있을까요? "올지도"는 '예상할 수 있는'의 의미를 담고 있으므로 expect를 써서 "예상하지 않은 손님", 즉 an unexpected guest로 번역합니다. 그리고 "어머니는 올지도 모르는 손님을 위해 음식을 충분히 준비하셨다." 는 My mother cooked generous amount of food for unexpected guests.입니다.

"노력하지 않는 것보다 더 큰 실패는 없다."라는 말을 생각해 봅니다. 한영 번역이 어려운 가장 큰 이유는 재료인 영어식 구조와 표현을 많이 암기하고 있지 않기 때문입니다. 지금 안 된다고 해서 일 년 후에도 안 되는 것은 아닙니다. 하지만 지금 시작하지 않으면 일 년 후에도 안 됩니다. 한영 번역을 잘하고 싶다면, 지금 필요한 것은 영어와 한글 텍스트를 비교하면서 등가 표현 (equivalents)을 정리하고, 외우고, 연습하고 또 연습하는 것입니다. 그 과정에서 이 책이 한영 번역에 자신감을 가질 수 있는 재미있고 유익한 가이드가 되기를 소망합니다.

차례

Section **2**
한영 번역 강의

좋은
한영 번역이란?

Korean
English
Translations

01

한영 번역의
기본

1. 좋은 한영 번역이란 어떤 것일까?

1. 일제히 고개를 저었다.
2. 전 세계적으로 암 발생이 빠르게 증가하고 있습니다.

번역 수업 첫 시간에 위와 같은 문장을 주고 한영 번역을 해 보라고 하면 많은 학생들이 우리말 문장의 구조와 표현을 그대로 둔 채 글자만 영어로 바꾸어 놓습니다. 이를테면 아래와 같이요.

1. They shook their heads at the same time.
2. Incidence of cancer development is increasing rapidly across the world.

우리말 문장을 그대로 직역하는 것은 번역이 아닙니다. 번역은 글자의 의미는 물론 그 말을 하는 상황까지도 반영해야 하기 때문입니다.

"이 거짓말쟁이!"라는 말을 생각해 봅시다. 한영 번역을 하기 전, 이 말이 '진짜 거짓말쟁이'를 의미하는 것인지, 아니면 지금 하는 말이 진짜 같지 않을 때 가볍게 '너 거짓말하는 거지?'라는 의미를 담고 있는 건지 판단해야 합니다. 그 결과 진짜 거짓말쟁이면 You're a liar!라고 번역하지만, '진짜 맞아?' 정도의 의미일 때는 You're kidding! 정도로 번역해야 합니다.

번역은 글자만이 아닌 함축된 의미를 파악한 후, 그 의미를 영어식 구조와 표현으로 쓰는 과정입니다.

앞의 두 문장을 번역하는 과정은 다음과 같습니다.

1. 일제히 고개를 저었다.

직역 They shook their heads at the same time.

"일제히"를 at the same time으로 옮기는 것은 회화 수준이지 번역이 아닙니다. 번역은 글쓰기 작업과 같습니다. 같은 상황을 누가 어느 정도로 정교하게 표현하는지가 중요합니다. 그러니 "일제히"를 바로 general이라는 형용사로 번역할 수 있도록 표현 공부를 해 나가야 하겠습니다.

그리고 우리말 "일제히 고개를 저었다"는 크게 '부사+명사+동사' 구조이지만 이에 대한 영어식 표현은 '형용사+명사' 구조가 많습니다. 그러니 '일제히 (고개를) 젓는 것'이라는 영어 구조로 바꾸어 번역합니다.

번역 There was a general shaking of heads.

2. 전 세계적으로 암 발생이 빠르게 증가하고 있습니다.

[직역] Incidence of cancer development is increasing rapidly across the world.

이 문장은 번역사가 직역해서 제출했다가 면박을 당한 후 수정해서 오케이를 받은 실제 사례입니다.

제 경우, 번역을 하던 초기에는 한영 번역한 글을 보낸 후 이메일을 열었을 때 "Re: ~"라는 제목의 메일을 보면 가슴이 쿵 하던 시절이 있었습니다. 치과의사인 제 친구가 개원 초기에 자신이 치료했던 환자가 며칠 후 진료실로 들어오는 것을 보면 '지난번 치료가 뭐가 잘못됐나?' 하는 생각에 가슴이 쿵 한다고 했는데, 그와 비슷한 경우일 겁니다. 그럴 때마다 이후에는 가슴이 쿵하는 일이 없도록 번역을 해야겠다고 생각했습니다.

또 번역을 잘하려면 어떻게 해야 할까 고민했고, 그러한 고민의 결과 스스로 깨닫게 된 것이 **우리말 한 글자 한 글자를 다 영어로 옮기는 번역이 아니라 전달하고자 하는 '의미'를 번역**하는 방법이었습니다.

"전 세계적으로 암 발생이 빠르게 증가하고 있습니다."는 ~knows no borders라는 영어식 표현을 써서 다음과 같이 번역할 수 있습니다.

[번역] Cancer knows no borders.

영어식 구조와 표현으로 번역하려면 어떻게 해야 할까요? 간단합니다. 문장을 읽고 의미를 파악한 후 그에 상응하는 영어 고유의 표현과 구조를 생각해 내면 됩니다.

그러면 영어 고유의 표현과 구조를 잘 생각해 내기 위해서는 어떻게 해야 할까요? 간단합니다. 조리사가 조리를 잘하기 위해서는 조리법도 알아야 하지만 무엇보다 좋은 재료가 있어야 합니다. 마찬가지로 번역사는 한국어와 영어의 차이라는 조리법도 알아야 하고 재료가 되는 영어 구조와 표현을 많이 암기하고 있어야 합니다.

조리사가 좋은 재료를 구하러 다니듯 이제부터는 영어 원서나 영문 자료를 읽을 때 어떤 표현을 구사하고 있는지 눈여겨보고 자기에게 필요하다 싶은 표현은 따로 메모하고 외워 봅시다. 한번 외웠다고 메모를 버리지 말고 반복해 학습합시다. 한동안은 이렇게 공부해서 과연 될까 하는 의문도 들겠지만, 꾸준히 학습하다 보면 우리말 문맥에 맞는 영어 표현이 탁 떠오르는 순간이 올 것입니다. 그때가 바로 여러분이 한영 번역을 할 준비가 된 순간입니다.

2. 나의 한영 번역 실력은 어느 정도일까?

한영 번역 공부에 들어가기 전에, 우리말 문장을 영어 표현과 구조로 바꾸는 실력이 어느 정도인지 테스트해 볼까요?

우선 아래 세 가지 원칙을 염두에 두십시오.

첫째, 글자 그대로 직역하지 않는다.

둘째, 먼저 문장의 의미를 파악한다.

셋째, '글자'가 아니라 파악한 '의미'를 영어로 다시 쓴다.

번역학(Translation Studies)에서는 '번역'을 리라이팅(rewriting)의 과정으로 정의하고 있습니다. 그에 따르면 번역은 원문의 의미를 파악하고, 파악한 의미를 번역할 언어의 구조와 표현으로 '다시 쓰는 과정'입니다.

한영 번역 연습을 몇 가지 해 봅시다. 아래의 문장 5개를 영어로 번역해 보세요.

1. 그는 지각을 밥 먹듯 한다.
2. 좀 더 조사해 보니 그 이론이 거짓임이 밝혀졌다.
3. IQ 검사로 지능을 측정한 게 정확한지 과학자들 사이에 의견이 분분하다.
4. 대통령의 부패가 알려지자 시민들의 강력한 항의가 있었다.
5. 내가 이기나 네가 이기나 어디 두고 보자.

번역하면 다음과 같습니다.

1. He is **chronically** late.
해설 "그는 지각을 밥 먹듯 한다."라는 문장에서 글자가 아닌 의미를 파악해 번역해야 할 부분은 "밥 먹듯"입니다. "밥 먹듯"을 글자 그대로 like eating meals라고 옮기면 뜻이 애매모호한 문장이 될 수 있으니까요.

"밥 먹듯"은 '자주' 혹은 '빈번하게'란 의미이니 frequently로 옮길 수 있습니다. 그런데 위 문장에서 "밥 먹듯"에는 부정적인 의미가 함축되어 있으니 '자주'에 부정적인 의미가 더해진 영어 단어가 더 적절합니다. '만성적으로'라는 뜻의 chronically로 번역한 이유가 그것입니다.

2. **A closer scrutiny of the case** indicated that the theory was untenable.

📖 "좀 더 조사해 보니 그 이론이 거짓임이 밝혀졌다."를 번역할 때 주의할 점은 영문 구조입니다. 우리말 구조 그대로 한글을 영어로 치환하는 것이 아니라 문장의 의미를 생각해 본 후 "좀 더 조사해 보니"를 주어로, "그이론이 거짓이다"를 목적어로, 그리고 주어와 목적어 사이에 필요한 "밝혀졌다"에 해당하는 적당한 영어 동사를 찾아 번역하는 것입니다.

3. Scientists disagree whether IQ test **accurately gauges** intelligence.

📖 "IQ 검사로 지능을 측정한 게 정확한지 과학자들 사이에 의견이 분분하다."를 번역할 때 주의해야 할 점도 우리말 구조를 영문 구조로 바꾸는 것입니다. 학생들이 번역하는 과정을 지켜보면 단어 뒤에 있는 조사에 얽매여 번역하느라 애를 참 많이 씁니다. 안 되는 번역을 하려 하기 때문입니다. "과학자들 **사이에** 의견이 분분하다"에서 "사이에"를 없애고 '과학자들 / 의견 분분'으로 정리하면 주어를 "과학자"로, 서술어는 "의견 분분"으로 할 수 있습니다. "의견 분분"은 '의견이 다르다'란 뜻의 동사를 찾아봅시다.
"IQ 검사로 지능을 측정한 게 정확한지"는 목적절이 되도록 정리합니다. "IQ 검사**로** 지능**을** 측정**한 게** 정확**한지**"에서 조사 및 어미를 지우고, 핵심어인 'IQ 검사 / 지능 / 측정 / 정확'만 가지고 영문 구조를 정리합니다. 학생들의 경우 처음엔 익숙지 않겠지만 여러 번에 걸쳐 구조 배열을 하다 보면 최종으로 "IQ 검사가 지능을 정확히 측정했는지"라는 영문 구조를 만들어 낼 수 있습니다.

4. The **exposure** of corruption of the President sparked people's protest.

[설명] "대통령의 부패가 알려지자 시민들의 강력한 항의가 있었다."라는 문장을 한영 번역할 때에도 영문 구조를 생각해 보는 것이 가장 중요합니다. 일단 "대통령의 부패가 알려지자"라는 부사절을 주어로 하겠다는 생각을 갖고, 어떻게 주어로 만들까를 고심해야 합니다.

영어 구조로 바로 번역하기 어렵다면 아래처럼 중간에 직역 단계를 추가하면 됩니다.

As corruption of the President was exposed, people protested vehemently.

이처럼 우리말 구조대로 직역한 후에 다시 영어식 구조와 표현으로 다듬는 것입니다. As corruption of the president was exposed라는 부사절을 주어로 만들려면 '동사'를 '명사'로 바꾸면 됩니다. 그러면 주어는 The exposure of corruption of the president가 되고, 목적어는 "시민들의 항의", 즉 people's protest가 됩니다. 그런 다음 주어와 목적어 사이에 필요한 동사를 생각해 봅니다. 대통령의 비리가 시민 항의를 일으킨 원인이니 cause나 cause의 유사어를 동사로 씁니다.

5. Let's see **who will win**.

[설명] "내가 이기나 네가 이기나 어디 두고 보자."에서 "내가 이기나 네가 이기나"를 우리말 그대로 번역하지 말고 의미를 살펴서 그 뜻이 '(너와 나 중에서) 누가 이기나'임을 파악한 후 영어로 어떻게 표현할지 생각해 봅시다.

이제 우리말 구조를 영어 구조로 바꾸는 방법과 우리말 표현을 영어 표현으로 바꾸는 방법을 소개하겠습니다. 제가 번역하면서 발견한 사실들의 유사점을 파악해 정리한 것입니다.

Section I에 제시된 한영 번역 방법에 입각해 우리말을 분석하려는 의도적인 노력이 필요합니다. 그러다 보면 영어의 구조가 서서히 눈에 들어오게 될 것이고 자연스레 한영 번역이 더 쉬워질 겁니다.

단, 어학에서는 학습한 내용을 얼마나 반복적으로 연습하는지가 실력을 결정한다는 사실을 명심하기 바랍니다.

영어 공부를 하다 보면 때로 그 표현의 방대함에 혀를 내두릅니다. 이탈리아, 프랑스 등 여러 나라의 침략과 이민족 이주의 역사를 겪으며 영어는 그 어휘가 방대해졌습니다. 특히 노르만의 영국 정복으로 북유럽과 프랑스어의 영향을 많이 받았습니다.

관용 표현도 방대합니다. 그중에서도 시각적인 표현이 특별히 많습니다. 일례로 I am digging in my heels.는 '자신의 입장을 고수하다'는 의미의 관용 표현입니다. 발뒤꿈치로 땅을 파면서 버티는 모습은 만국 공통어 같다는 생각이 듭니다.

그런가 하면 all-hands-on-deck response는 '두 손 모두 다 갑판에 올려진', 즉 '동원할 수 있는 힘은 다 동원한 대응'이라는 뜻입니다. 메릴 스트립과 토미 리 존스가 주연한 영화 〈Hope Springs〉에서 토미 리 존스가 "한 개씩 세어서 여섯 개나 열두 개의 반이나 다 같은 말"이라는 대사를 합니다. 영어로는 Six of one and half a dozen of the other입니다. 이와 뜻이 같으면서 우리에게 익숙한 고사성어로는 '오십보백보(五十步百步)'가 있습니다.

나름 영어 표현을 많이 외웠다고 자부하건만, 아직도 새로운 표현을 자주 만납니다. 그럴 때면 혼자 이렇게 다짐하곤 합니다. "내가 이기나 네가 이기나 두고 보자."

02

우리말을 영어로
제대로 번역하려면
구조 편

1. 영어의 '형용사＋명사' 구조

우리말과 영문을 비교한 결과 우리말의 '주어＋동사(형용사)' 구조가 영어로 번역될 때 동사는 형용사로, 주어는 명사로 바뀌어 '형용사＋명사' 구조가 되는 경우가 많다는 것을 알게 되었습니다. 이를 잘 기억해 두면 **'은, 는, 이, 가' 가 붙는 단어가 2개 이상 들어 있는 문장을 영어로 번역할 때 아주 유용** 합니다. 즉 문장 내에서의 비중을 따져 '은, 는, 이, 가' 가 붙은 한 단어는 문장의 주어로, '은, 는, 이, 가' 가 붙은 다른 한 단어는 목적어로 번역하면 됩니다. **주어와 목적어를 먼저 정한 후 그 사이에 들어갈 동사를 생각해 내는 방법**입니다.

또한 영어의 형용사＋명사 구조는, 뒤에서 설명하겠지만 '무생물 주어' 를 만들 때 꼭 필요한 영문 구조입니다. 뭐든 시작이 중요합니다. 그러니 첫 번째로 나오는 영어의 '형용사＋명사' 구조, 잘 학습해 봅시다.

Ex 1. 그 그림은 **색채가 화려하다.**

번역 The painting is replete with(=has) **dazzling colors.**

설명 "색채가 화려하다"를 "화려한 색채"로 바꾸어 번역합니다. 다시 말해 형용사 "화려한(dazzling)"+명사 "색채(color)" 구조로 바꾸는 것입니다.

Ex 2. 한국이 그 행사를 주최할 **가능성이 크다.**

번역 Korea has a **large(=high) possibility** of hosting the event.

설명 "가능성이 크다"를 영어의 형용사+명사 구조인 "큰 가능성"으로 번역합니다.

Ex 3. 그 회사는 **매출이 감소하고 있다.**

번역 The company is experiencing **falling sales.**

설명 "매출이 감소하고 있다"를 영어의 형용사+명사 구조인 "감소되는 매출"로 바꾸어 번역합니다.

Ex 4. 그는 **영어 구사력이 부족하다.**

번역 He has a **poor command of English.**

설명 "영어 구사력이 부족하다"를 영어의 형용사+명사 구조인 "부족한 영어 구사력"으로 번역합니다.

Ex 5. 그 제품들은 **파손이 적다.**

번역 The products have **low damage.**

설명 "파손이 적다"를 영어의 형용사+명사 구조인 "적은 파손"으로 번역합니다.

그 외에 영어의 형용사+명사 구조를 활용해 번역한 예로 다음과 같은 것이 있습니다.

Ex 1. 공원에 **사람이 많다.**

[한국어 구조 번역] People are numerous in the park.

[영어 구조 번역] There are **many people** in the park.

[설명] 한국어 문장 구조 그대로 "사람이"를 주어로 하면 위와 같은 번역이 됩니다. 이 경우에는 우리말 구조대로 번역해도 문제가 없습니다. 하지만 문장이 아닌 구(phrase)가 필요한 경우에는 "사람이 많다"를 "많은 사람"으로 바꾸어서 영어의 형용사+명사 구조로 번역해야 합니다.

cf. 공원에는 **사람이 많았지만** 나는 친구를 쉽게 찾았다.

–**Though people were numerous** in the park, I could find my friend easily.

–**Despite numerous people** in the park, I could find my friend easily.

Ex 2. 기후 변화에 대한 **경고의 목소리가 높아지고 있다.**

[직역] The warning voice about climate change becomes growing.

[설명] 위의 직역 문장을 영어의 구조와 표현에 맞추어 다듬어 봅시다. "경고의 목소리가 높아지고 있다"를 "높아진(growing) 경고의 목소리(chorus of warning)"로 번역합니다.

[번역] There is **a growing chorus of concern(=alarm / dismay)** against climate change.

한영 번역 과정을 보여 드립니다 ①

번역을 의뢰할 때 대부분의 의뢰인은 샘플 번역을 받아 보고 싶어 합니다. 처음 만나는 날, 40분간 2쪽 분량의 번역을 해 보라고 하는 경우도 있습니다. 그런 상황에서 가장 중요한 것은 무엇일까요? 다른 사람들과 똑같이 번역하면 번역 계약은 성사되지 않습니다. 다른 사람과 차별화된 번역을 제출해야 합니다. 그러면 차별화된 번역은 어떻게 해야 할까요?

예를 들어 "대학생들이 시청 앞에서 시위를 벌였다."라는 문장은 보통 College students held a protest in front of the City Hall.로 번역합니다. 하지만 이렇게 번역해서는 의뢰인의 선택을 받기가 어렵습니다. 선택을 받기 위한 전략이 필요합니다.

한국어 문장을 다시 한 번 읽어 봅시다. 그리고 생각해 봅시다. "보통은 '~이'가 붙어 있는 '대학생들'을 주어로 하겠지만, 영어에서 무생물 주어 문장이 널리 쓰이니까 '시청'을 주어로 번역해야겠다."라는 생각을 떠올릴 수 있을 것입니다. 한발 더 나아가 시위 인파로 붐비는 시청 앞 모습도 상상할 수 있습니다.

그러면 The front of the City Hall was busy yesterday with college students holding a protest. 혹은 The City Hall saw college students holding a protest.와 같이 번역할 수 있습니다. 이렇게 하기 위해서는 평소 번역 연습 때 그렇게 쓰인 영문이 있는지 찾아보고 암기하는 훈련이 되어 있어야 할 것입니다.

Ex 3. 셰익스피어 탄생 450주년을 맞아 **축제가 이어지고 있다.**

[직역] To mark Shakespeare's 450th birthday, festivals are continued.

[설명] "축제가 이어지고 있다"의 영어식 구조는 형용사+명사 구조입니다. 따라서 "이어지는 축제", 즉 "많은 축제"로 번역할 수 있습니다.

[번역] To mark Shakespeare's 450th birthday, **many festivals** are held.

Ex 4. 박수가 길어지자 더 떨렸다.

[직역] As applause continued, I became more nervous.

[설명] "박수가 길어지자"를 "길어진 박수"로 만들어 주어로 번역합니다.

[번역] **The longer applause** made me more nervous.

다음은 연습 문장입니다. 영어의 형용사+명사 구조를 활용하여 번역해 보십시오.

---

① 대중교통을 이용하는 사람들이 늘고 있다.

② 그녀는 창의력이 예사롭지 않다.

③ 일본은 경제 성장률이 저조하다.

④ 이번 일은 둘 사이의 유대가 각별하다는 것을 보여 준다.

⑤ 한국인들은 정부에 대한 믿음이 약해지고 있다.

⑥ 보험료가 인상될 것이라는 회의론이 상당하다.

⑦ 자기가 계약직이라는 생각에 마음이 불편했다.

⑧ 온라인 교육의 필요성이 늘어 가고 있다.

⑨ 실종자에 대한 추측이 난무하다.

⑩ 연구 결과 두뇌의 상호 작용에 관한 이해가 넓어졌다.

---

① 대중교통을 이용하는 **사람들이 늘고 있다.**

[설명] "늘고 있다"를 형용사와 같이 수식어로 쓰이기도 하는 한정사(more)로,

"사람들"을 명사(people)로 번역해 "늘고 있는 사람들", 즉 "더 많은 사람들"이 주어가 됩니다.

번역 **More people** are using public transportation.

② 그녀는 **창의력이 예사롭지 않다.**

설명 "예사롭지 않다"는 형용사(exceptional)로, "창의력"은 명사(creativity)로 번역해 "예사롭지 않은 창의력"이 목적어가 됩니다.

번역 She has an **exceptional creativity**.

③ 일본은 **경제 성장률이 저조하다.**

설명 "저조하다"를 형용사(low)로, "경제 성장률"을 명사(economic growth)로 번역하여 "저조한 경제 성장률"이 목적어가 됩니다. 이때 동사 has는 experiences / undergoes / goes through / sustains / faces / suffers from 등으로 대체될 수 있습니다.

번역1 Japan has **low economic growth**.

번역2 Japan **is experiencing low economic growth**.

참고로 Japan experiences low economic growth.(현재형)와 Japan is experiencing low economic growth.(현재진행형) 사이에 차이점이 있다면, 현재형은 습관이나 **계속되는 상황**을 묘사하는 데 비해 현재진행형은 **지금 현재 진행되는 상황**을 묘사한다는 것입니다.

④ 이번 일은 둘 사이의 **유대가 각별하다**는 것을 보여 준다.

설명 "각별하다"는 형용사(extraordinary)로, "유대"는 명사(bond)로 번역해 "각별한 유대"가 목적어가 됩니다.

여기서 형용사 extraordinary는 outstanding / significant / meaningful 로, 명사 bond는 rapport로, 동사 reflects는 shows / highlights / emphasizes로 대체할 수 있습니다.

번역1 This episode reflects **extraordinary bond** between them.

번역2 This episode shows **outstanding bond** between them.

번역3 This episode highlights **extraordinary bond** between them.

⑤ 한국인들은 정부에 대한 **믿음이 약해지고 있다.**

설명 "믿음이 약해지고 있다"에서 "약해지고 있다"를 형용사(declining)로, "믿음"을 명사(confidence) 그대로 번역해 "약해지는 믿음"이 목적어가 됩니다. 이때 형용사 declining 대신 sagging / eroding / dropping / lowering / dwindling / falling / decreasing 등을 쓸 수 있습니다. 또 "약해지는 믿음"을 less confident로 표현할 수도 있습니다.

번역1 Koreans have **declining confidence** in the government.

번역2 Koreans are **less confident** in the government.

참고로 "믿음"을 번역할 때 belief나 confidence 둘 다 적절한 영어 표현일까요? 두 단어 다 사전에는 "믿음"으로 나와 있고 혼용하여 쓰는 경우가 많습니다. 하지만 차이점이 있습니다. belief에는 '맹목적인 믿음'의 의미가 들어 있고, confidence에는 '자신이 확신함'의 의미가 들어 있는데 belief에 비해 '믿음'의 강도가 낮습니다. 예문을 살펴볼까요?

-She has the **belief** that he adores her. (그가 자신을 사랑한다고 맹신하고 있음)

–She has the **confidence** that he adores her. (그가 자신을 사랑한다
고 확신함)

⑥ 보험료가 인상될 것이라는 **회의론이 상당하다.**

설명 "회의론이 상당하다"는 "상당한 회의론"으로 바꾸어 번역합니다. 그 후
"보험료가 인상될 것이라는"은 명사절로 연결하여 번역합니다.

번역 There is **considerable skepticism** that premium will go up.

⑦ 자기가 계약직이라는 **생각에 마음이 불편했다.**

설명 "마음이 불편한"을 형용사(uneasy)로, "생각에"는 명사(thought /
suspicion)로 번역합니다. 이때 "생각"의 내용인 "자기가 계약직이라는"은
명사절로 번역합니다.

번역 She has **uneasy suspicion** that she has been hired as a contract
worker.

🔍 통번역사는 '전문 계약직'이 많습니다. 열심히 공부해 취직을 하려는데 계약직이라는 단
어가 거슬립니다. 계약 기간이 끝나면 떠나야 하거나 재계약을 해야 하니 마음이 불편한 것입
니다. 하지만 어떤 사람은 '전문 계약직'이라는 단어에서 '계약직'이란 단어보다 '전문'이라
는 단어를 더 크게 보기도 합니다.

한발 더 나아가 크게 보면 계약직이 아닌 것이 어디 있습니까? 일단 인생도 계약직입니다. 태
어난 생명체는 반드시 죽게 되어 있으니까요. 언젠가 떠날 것을 알면서 살아가고 있는 것입니다.

계약직이라는 단어에 위축되기보다는 하루하루 잘 살면 됩니다. 때에 따라서는 더 좋은 기
회를 찾아 훨훨 떠날 수 있는 계약직이 더 좋을 수도 있습니다.

⑧ 온라인 교육의 **필요성이 늘어 가고 있다.**

설명 "필요성이 늘어 가고 있다"를 "늘어 가는 필요성"으로 바꾸어 번역합니다.

번역 There is a **growing need** of Internet−based education

⑨ 실종자에 대한 **추측이 난무하다.**

설명 "추측이 난무하다"는 "난무한 추측"으로 바꾸어 번역합니다.

번역 There is **widespread speculation** about the missing

⑩ 연구 결과 두뇌의 상호 작용에 관한 **이해가 넓어졌다.**

설명 주어진 문장 그대로 As a result of research, understanding about the interaction of brain is broader.로 옮기는 것은 한국식 번역이지 영어식 번역이 아닙니다. 원문의 핵심어인 '연구 / 두뇌 / 상호 작용 / 이해 / 넓어지다'를 영어식으로 재구성해 봅시다.

먼저 "연구"를 주어로 하고, "이해가 넓어졌다"를 영어의 형용사+명사 구조인 "넓어진 이해"로 바꿉니다. 그리고 나서 문장 구조를 한 번 더 정리하면 '연구는 / 넓어진 이해를 가져왔다 / 두뇌의 (여러 부분에서의) 상호 작용에 대한'이 됩니다.

번역 The study has led to **a broader understanding** of the interaction in regions of the brain.

　이번에는 문장이 아닌 문단을 번역하면서 영어의 형용사+명사 구조를 한 번 더 학습해 봅시다.

① **연료 가격이 상승되면서** 비행기를 이용하는 여행객들에게 ② **올여름은 힘든 시기**가 될 것으로 예상됩니다. 항공료의 상승으로 ③ **수요가 줄어들면서** 비행사들은 ④ **적자가 점점 커져** 문을 닫게 될 수도 있습니다. 이런 현상은 중동 지역의 산유국들의 ⑤ **정세가 불안해지면서** 석유 공급에 차질이 빚어지고 있기 때문입니다.

(해설) 위 예문에서 영어의 형용사+명사 구조로 바꿀 수 있는 우리말을 찾아보면 다음과 같습니다.

① 연료 가격이 상승되면서(oil price is higher) → 상승하는 연료 가격 (higher oil price)

② 올여름은 힘든 시기(rough time in summer) → 힘든 올여름(rough summer)

③ 수요가 줄어들면서(demand become sluggish) → 줄어드는 수요 (sluggish demand)

④ 적자가 점점 커져(deficit is soaring) → 점점 커지는 적자(soaring deficit)

⑤ 정세가 불안해지면서(situation become insecure) → 불안한 정세 (insecure situation)

참고로 위의 글 마지막에 나오는 "(공급)에 차질이 빚어지고 있다"를 그 말 그대로 cause setbacks in supply라고 하는 것은 영어식 번역이 아닙니다. 있는 단어를 다 번역하지 말고 그 의미에 해당하는 영어 동사를 찾으려고 시도해 봅시다. 하지만 그런 영어 동사는 찾기가 힘듭니다. 그 이유는 "차질이 빚어지고 있다"에 대응하는 영어 동사를 외워 본 적이 없기 때문입니다.

이제 필요한 영어 동사를 찾는 방법을 안내하겠습니다. "차질이 빚어지고 있다"가 영어 한 단어로 뭘까 하는 생각만으로는 찾을 수 없습니다. 먼저 "불안한 정세"와 "석유 공급" 사이에 필요한 동사를 생각해야 합니다. "불안한 정세"가 "석유 공급"이 제대로 이루어질 수 없게 했기 때문에 "차질이 빚어지고 있다"에 해당되는 동사로 undermine / thwart / hamper / impair / disrupt / deter / stifle 등을 쓸 수 있습니다.

[번역] With **higher oil price**, airline travelers are expected to face **rough summer**. **Sluggish demand** in flight trip led by the airfare hike may drive airliners out of business on the heels of **soaring deficit**. This challenge is linked to the **insecure situation** oil-producing countries are experiencing, which is in turn undermining timely oil supply worldwide.

2. 무생물 주어와 동사 구조 및 표현

우리말은 사람이 주어인 경우가 많습니다. 그래서 우리말을 그대로 영어로 옮기면 대부분 사람이 주어인 문장이 됩니다.

그런데 영어에서는 사람이 주어가 아닌 경우가 아주 많습니다. The table bears my photo.처럼 탁자가 주어가 되기도 합니다. 이런 영어의 특성을 고려한 번역을 해야 합니다.

1. 사람 주어를 무생물 주어로 번역하기

우리말 원문에서 주격조사 '은, 는, 이, 가'가 붙어 있는 생물 주어가 아닌 무생물 주어로 번역하는 연습을 해 봅시다.

Ex 1. 우리는 예산이 부족해서 새로운 사업을 시작할 수 없었다.

[직역] **We** could not begin a new project because our budget is insufficient.

[설명] "우리는" 대신 "예산이 부족해서"를 영어의 형용사+명사 구조인 "부족한 예산"으로 바꾸어 주어로 하여 번역해 봅시다.

[번역] **Our limited budget** did not allow us to begin a new project.

Ex 2. 그는 여자 친구의 외모에 빠져 그녀의 단점을 보지 못했다.

[직역] **He** was blind to his girl friend's faults because he admired for her beauty.

[설명] "그는" 대신 "여자 친구의 외모에 빠져"를 주어로 삼아 번역합니다.

[번역] **His admiration for her beauty** blinded him to her faults.

이제 연습 문장을 번역해 보십시오.

---

① 그가 실직을 해서 가족의 생계가 어려워졌다.

② 무슨 소리가 들리자 그녀는 창가로 갔다.

③ 그는 분수에 맞지 않는 행동을 한다.

---

① **그가** 실직을 해서 가족의 생계가 어려워졌다.

직역 **He** put his family in financial jeopardy because he lost his job.

설명 "그가" 대신 "그의 실직"을 무생물 주어로 삼아 번역합니다.

번역 **His job** loss put his family in financial jeopardy.

② 무슨 소리가 들리자 **그녀는** 창가로 갔다.

직역 **She** came to the window when she heard the noise.

설명 "그녀는" 대신 "무슨 소리"를 주어로 삼아 번역합니다.

번역 **The noise** brought her to the window.

Q 분수에 맞지 않는 행동이란 어떤 것일까요? 제가 이전에 모시던 분이 생각납니다. 그분은 고등학생 때 농사나 지으라는 아버님께 맞서서 공부하겠다고 했다가 귀싸대기를 맞고 그 길로 집을 나와 야간학교를 다니고 공무원 시험을 쳐서 고위 공무원이 되었습니다. 어려운 형편에 공부를 고집했던 그분의 행동은 어쩌면 분수에 맞지 않는 행동이었을 겁니다.

"모난 돌이 정 맞는다.", "촉새가 황새를 따라가다 가랑이 찢어진다."는 속담이 있습니다. 분수껏 살아야 한다는 말입니다. 그러나 현재에 만족하며 사는 사람도 있고 자신의 한계를 뛰어넘으려는 사람도 있습니다. 현재에 만족하며 사는 사람은 그 사람대로, 또 한계를 뛰어넘으려는 사람은 그 사람대로의 선택입니다.

그러니 누군가를 "자신의 분수도 모르고."라고 비난할 필요는 없습니다. 현재에 안주하지 않고 '더 큰 나'를 그리며 노력하는 사람에게 기운 뺄 말을 할 필요는 없습니다. 법륜 스님 말씀대로 "남의 인생에 신경 끊읍시다."

③ **그는** 분수에 맞지 않는 행동을 한다.

[직역] **He** behaves inappropriately.

[설명] "그는" 대신 "그의 행동"을 주어로 삼아 번역해 봅시다.

[번역] **His behavior** is inappropriate.

2. 조건절을 주어로 번역하기

우리말 구조의 '~한다면'에 해당하는 조건절을 영문의 주어로 번역하여 영어식 구조를 만드는 방법입니다.

Ex 1. 낮잠을 자면 기억력이 좋아진다.

[직역] **If you take a nap**, your memory will be good.

[설명] 우리말의 주어+동사 구조인 "기억력이 좋아진다"를 영어의 형용사+명사 구조로 만들기 위해 "좋은 기억력"으로 바꿉니다. 그러면 memory is good이 good memory가 되어 If you take a nap, you will have a **good memory**.로 바꿀 수 있습니다.

이 단계에서 한발 더 나아간 번역을 하려면 조건절 If you take a nap을 주어로 만들면 됩니다. 즉 "낮잠을 자면"을 영어의 동명사형을 활용해 "낮잠을 자는 것" 혹은 "낮잠"이라고 바꾸어 주어로 합니다.

그리고 주어인 napping과 목적어인 good memory 사이에 필요한 동사를 생각해 봅니다.

[번역] **Napping** will improve(=enhance / boost / prop up) your memory.

Ex 2. 운동을 적당히 하면 건강을 유지할 수 있다.

[직역] **If we exercise moderately**, we will be kept in good health.

[설명] "운동을 적당히 하면"을 "적당한 운동"으로 바꿔 주어로 번역합니다. 목적어는 "건강"이 됩니다. 그런 다음 주어와 목적어 사이에 필요한 동사를 생각해 봅니다.

[번역1] **Moderate exercise** enhances our health.

[번역2] **Moderate exercise** makes us healthy.

Ex 3. 환경을 보존하려면 모든 것을 바꿔야 한다.

[직역] **If you want to conserve the environment**, you should change everything.

[설명] "환경을 보전하려면"을 "환경을 보존하는 것"이라는 동명사형으로 만들어 주어로 번역합니다. 목적어는 "모든 것을 바꿈", 동사는 "~해야 한다"를 생각해 봅니다.

[번역] **Conserving the environment** demands(=requires / entails / involves / necessitates) changes in everything.

이제 연습 문장을 번역해 보십시오.

---

① 좋은 번역사가 되려면 공부를 많이 해야 한다.

② 시간을 잘 활용하면 좀 더 많은 일을 할 수 있다.

③ 학위가 있으면 내가 원하는 일을 할 수 있다.

---

① **좋은 번역사가 되려면** 공부를 많이 해야 한다.

[직역] **If you want to be a competent translator**, you should study very hard.

[설명] 위 문장의 핵심 내용은 "좋은 번역사"와 "공부를 많이 해야 한다" 입니다. 여기서 "좋은 번역사가 되려면"을 "좋은 번역사"로 바꾸어 주어로 하면 목적어는 "열심히 하는 공부"가 됩니다. 그리고 "좋은 번역사"와 "공부" 사이에 필요한 동사를 생각해 보는 겁니다. require / demand / need / necessitate 등등 다양한 동사가 있습니다.

[번역] **A competent translator** requires an extensive study.

② **시간을 잘 활용하면** 좀 더 많은 일을 할 수 있다.

[직역] **If you use time wisely**, you can do more work.

[설명] "시간을 잘 활용하다"는 보통 use time wisely로 표현합니다. "시간을 잘(지혜롭게) 활용하면"을 "시간의 지혜로운 활용"으로 만들어 주어로 번역합니다. 목적어는 more work로 하고, 그 사이에 필요한 서술어로 활용할 수 있는 동사를 생각해 봅니다.

[번역] **The wise use of time** can allow(=enable) you to do more work.

③ **학위가 있으면** 내가 원하는 일을 할 수 있다.

[직역] **If I have the degree**, I can do what I want to do.

[설명] 위 문장의 핵심 내용은 "학위"와 "원하는 일" 입니다. 이를 염두에 두고 "학위가 있으면"을 주어로 바꾸어 번역합니다. 목적어는 "원하는 일"이 됩니다. 그리고 그 사이에 필요한 동사를 생각해 봅니다.

[번역] **This degree** can allow me to do what I want to do.

🔍 브라질의 입지전적 인물인 룰라 전 대통령은 대통령 당선증을 받으면서 "난생처음으로 받아 보는 증서"라고 말했습니다. 그는 초등학교도 졸업하지 못했지만 대통령이 되었으며, 재임 기간 중 많은 업적을 세우고 국민의 80퍼센트 이상이 보내는 지지 속에서 퇴임했습니다.

지금의 나는 부족할 수 있습니다. 하지만 앞으로도 계속 부족할 것인지 그렇지 않을 것인지는, 오직 나 자신이 결정하기 나름입니다.

3. '~(함)에 따라 / (~함)으로' 를 주어로 번역하기

우리말의 '~(함)에 따라' 는 한영 번역할 때 주어가 됩니다.

Ex 1. 기후 변화로 해수면이 상승한다.

직역 The sea level is rising **due to climate change**.

설명 "기후 변화"를 주어로, "해수면"을 목적어로 하고 그 사이에 필요한 동사를 찾아봅시다. 덧붙여 rise는 자동사이니, 뜻은 같고 목적어를 가질 수 있는 타동사 raise로 바꿔 써야 합니다.

번역 **Climate change** is raising the sea level.

Ex 2. 세계무역회담이 결렬됨에 따라 세계경제가 위기에 처했다.

직역 **The global trade talks has broken down**, the global economy is in crisis.

설명 "세계무역회담이 결렬됨에 따라"라는 조건절을 주어로 하여 번역합니다. "세계무역회담이 결렬됨에 따라"를 "세계무역회담의 결렬"로 만들어 주어로 합니다. 그런 다음에 "세계경제"를 목적어로 하고, 주어와 목적어 사이에

"위기에 처했다"는 의미를 갖는 동사를 찾아 넣습니다.

번역 **The breakdown of the global trade talks** has threatened (=undermined / hampered / thwarted / impaired) the global economy.

Ex 3. 인터넷이 확산되면서 인터넷 교육에 대한 수요가 많아졌다.

직역 **As the Internet has proliferated**, demand for Internet-based education becomes growing.

설명 "인터넷이 확산되면서"를 "인터넷의 확산"으로 만들어 주어로 합니다. 그러면 목적어는 "인터넷 교육에 대한 수요"가 되고, 그 사이에 적절한 동사는 "많아졌다"가 됩니다. 덧붙여 많아졌다는 뜻의 increase 대신 사용할 수 있는 동사로는 escalate / raise / prop up / stimulate / boost / spur / fuel 등이 있습니다.

번역 **Proliferation of the Internet** has fuelled demand for Internet-based education.

이제 연습 문장을 직접 번역해 보십시오.

---

① 세계화가 되면서 상호 협동할 필요성이 늘고 있다.
② 연료 가격이 상승되면서 대중교통을 이용하는 사람들이 늘고 있다.
③ 그 소문으로 그의 평판이 땅에 떨어졌다.

---

① **세계화가 되면서** 상호 협동할 필요성이 늘고 있다.

직역 **As the world become global**, the need for collaboration is growing.

설명 "세계화가 되면서"를 "세계화"라고 바꾸어 주어로 삼습니다. 목적어는 "상호 협동할 필요성"이고 동사는 "늘고 있다"입니다. 이때 동사는 boost 외에도 galvanize / stimulate / activate / advance를 사용할 수 있습니다.

번역 **Globalization** has boosted the need for collaboration.

② **연료 가격이 상승되면서** 대중교통을 이용하는 사람들이 늘고 있다.

직역 **As oil price is rising**, more people tend to use public transportation.

설명 "연료 가격이 상승되면서"를 영어의 형용사+명사 구조인 "상승되는 연료 가격"으로 만들어 주어로 합니다. 목적어는 "대중교통을 이용하는 더 많은 사람"으로 하고 동사는 "(그런 상황을) 초래했다"에 적합한 단어를 찾습니다.

번역 **Rising oil price** makes more people use public transportation.

③ **그 소문으로** 그의 평판이 땅에 떨어졌다.

직역 **Because of the rumor**, his reputation was ruined.

설명 "그 소문"을 주어로 하면 because of라는 부사구를 제거할 수 있습니다. "평판"을 목적어로 합니다. 주어와 목적어 사이에 넣을 "떨어졌다"는 의미의 동사로 ruin / tarnish / cripple / disgrace / mar / defile 등이 있습니다.

번역 **The rumor** ruined his reputation.

이번에는 문단을 번역해 봅시다.

① **새로 나온 연구에 따르면** 엄마가 체중을 줄인 후 ② **아이를 낳으면** 아이가 훨씬 건강하다고 합니다. 뚱뚱한 엄마는 뚱뚱한 자녀를 낳을 확률이 높기 때문입니다. ③ **엄마가 체중을 줄이면** 대사량도 높아지고 많은 질병이 예방됩니다.

설명 위 예문에서 조건절 혹은 이유 부사절을 무생물 주어로 만들 수 있는 번역은 다음과 같습니다.

① 새로 나온 연구에 따르면(According to new research) → 새로운 연구는 ~을 보여 준다(New research suggests)

② 아이를 낳으면(if women give birth to babies) → (엄마가) 낳은 아이 (babies born to women): 한영 번역은 우리말 뒤집기입니다. 즉 "(엄마가) 아이를 낳으면"의 영어 순서는 '아이 / 낳은 / (엄마)'가 됩니다. 이 뒤집기만 잘해도 한영 번역의 50퍼센트는 해결이 됩니다.

③ 엄마가 체중을 줄이면(if Mothers lose weight) → 엄마의 체중 줄임 (Mothers' weight loss)

번역 **New research suggests** that **babies born to women** who lost weight are much healthier. It is that obese mothers tend to have kids who will become obese. **Mothers' weight loss** will contribute to boosting metabolic rate and preventing many illnesses.

4. '~때문에'를 주어로 번역하기

우리말의 '~때문에'에 해당하는 이유 부사절이나 부사구를 영문의 주어로 바꾸어 번역합니다.

Ex 1. 시험 때문에 걱정이다.

[직역] **Because of exams**, I am worried.

[설명] "시험"을 주어로, "걱정시키다"를 서술어로 합니다. 그리고 목적어를 넣습니다.

[번역] **Exams** worry me.

Ex 2. 일이 많아서 그는 퇴근을 할 수 없었다.

[직역] He couldn't leave the office **because his work was immense**.

[설명] "그는" 대신 "일이 많아"를 영어의 형용사+명사 구조인 "많은 일"로 만들어 주어로 합니다.

[번역 1] **His immense work** couldn't allow him to leave the office.

[번역 2] **His immense work** forced him to stay in the office.

이제 연습 문장을 번역해 보십시오.

---
① 그가 운전을 조심하지 않았기 때문에 사고가 났다.

② 아버지의 사업이 부진해져서 그는 고학을 해야만 했다.
---

① 그가 운전을 조심하지 않았기 때문에 사고가 났다.

[직역] **Because he drove carelessly**, the accident happened.

[설명] "운전을 조심하지 않았기 때문에"를 영어의 형용사+명사 구조인 "부주의한 운전"으로 만들어 주어로 삼습니다. 목적어는 "사고"로 하고, 주어와 목적어 사이에 알맞은 동사를 찾습니다. 동사를 생각해 보셨나요?

적절한 동사로는 cause / result in / bring about / trigger / incur 등이 있습니다.

[번역] **His careless driving** caused the accident.

② **아버지의 사업이 부진해져서** 그는 고학을 해야만 했다.

[직역] **Because his father's business became stagnated**, he had to work his way through college.

[설명] "아버지의 사업이 부진해져서"를 영어의 형용사+명사 구조인 "아버지의 부진한 사업"으로 만들어 주어로 합니다. 목적어는 "그가 고학을 했다"로 하고, 그 사이에 올 동사는 '~해야만 했다'라는 의미를 가진 표현을 찾습니다.

[번역] **His father's stagnated business** forced him to work his way through college.

Q 이 세상에 정해진 것은 없습니다. 비행기 탈 팔자로 태어났다고 해서 평생 비행기를 탄다고 보장할 수 없듯, 자랄 때 사랑을 많이 받은 사람이 반드시 다른 사람에게 사랑을 베푸는 것도 아닙니다. 오히려 자신만 사랑해 달라고 하는 사람이 될 수도 있습니다. 제대로 사랑받지 못하고 자란 사람이 다른 사람을 더 많이 사랑해야겠다고 결심할 수도 있습니다.

그러니 현재 나를 둘러싼 환경 탓이나 하면서 어쩔 수 없다는 말을 하기보다는 자신의 노력으로 자신이 원하는 환경을 만드는 데 집중하면 좋겠습니다.

무생물 주어에 자주 쓰이는 동사의 유형별 정리

1. ~할 수 있다: enable 사람+to 부정사 / allow 사람 +to 부정사 / lead to / make it possible for 사람+to 부정사

Ex 새로운 시스템 덕분에 시간을 절약할 수 있다.

번역 The new system **allows** us to save time.

2. ~할 수 없다: elude / deter / stifle / avert / avoid / remove / eliminate / get rid of

Ex 세계 인구의 1 / 5이 에너지를 이용하지 못하고 있다.

번역 Access to energy continues to **elude** a fifth of the world's population.

3. 발전시키다: serve to / contribute to / improve / promote / boost / bolster / strengthen / develop / stimulate / encourage / activate

Ex 낮잠을 자면 결정력이 높아진다.

번역 Taking a nap **improves** decision-making.

4. 방해하다: undermine / overwhelm / prevent / disrupt / stall / stagnate / weaken / discourage / impair / hamper / thwart / hurt / harm

Ex 고유가 행진으로 인해 에너지 안보가 흔들리고 있다.

번역 High energy prices **undermine** energy security.

5. ~해야 한다: require / lead to / call for / demand / ensure / make sure / entail / necessitate / involve

Ex 환경을 보존하려면 지속 가능한 개발을 확실히 하면서 수요의 균형을 맞출 새로운 방식이 필요하다.

번역 Conserving environment requires new ways to balance demands, while **ensuring** sustainable development.

6. 겪다: experience / undergo / sustain / go through / face / suffer from

Ex 중소기업이 자금난을 겪고 있다.

번역 Small and medium-sized companies are **experiencing** financial problems.

3. 우리말 구조를 영문 구조로 바꾸는 영어의 '부사' 사용 공식

우리말 문장 구조 그대로 영어로 번역하면 영어의 부사를 사용하는 경우가 적습니다. 그에 비해 영어의 구조는 '부사+동사', '부사+형용사' 등 부사 사용이 빈번합니다.

예를 들어 우리말 "기증했다(동사)고 보도되었다(동사)"는 영어에서 reportedly donate의 부사+동사 구조로 번역되고, "농축하는(동사) 데 성공했다(동사)"는 successfully enrich라는 부사+동사 구조로 번역됩니다. 또한 우리말 "사실임(명사)이 분명하다(형용사)"는 영어에서 부사+형용사 인 undoubtedly true로 번역됩니다.

번역을 하다 보면 이와 같이 우리말의 명사, 형용사, 동사 중 하나를 부사로 바꾸어 번역해야 하는 경우가 많습니다. 그러니 우리말 품사 그대로 번역할 것이 아니라, 그중 한 단어는 일부러 **영어의 부사로 번역**하는 연습이 필요합니다. 그러려면 먼저 영어의 '부사+동사(구)'나 '부사+형용사(구)' 구조의 예를 정리해서 암기해야겠지요.

몇 가지 대표적인 예를 들어 보겠습니다. 잘 외워 두면 좋겠지요!

1. 수입과 지출은 **불가분의 관계에 있다**.

Income **is inextricably linked with** expenditure.

2. 남북한은 **엄밀한 의미에서** 여전히 전쟁 **중이다**.

Two Koreas **are** still **technically** at war.

3. **수수방관하고** 있을 수 없다.

We cannot **stand idly by**.

4. 근교 학교는 교육 장비가 **턱없이 부족하다**.

Suburban schools **are poorly equipped with** educational devices.

5. 연금제 개편에 대한 **반대가 거세다**.

Citizens **disagree vehemently** about reform in pension.

6. 농촌 지역은 **사람이 별로 살지 않는다**.

Rural areas **are sparsely populated**.

7. 도시 지역은 **사람이 많이 산다**.

Urban areas **are densely populated**.

8. 청소년에게 담배를 판매하는 데 대한 정부 **규제가 심하다.**

The government **stringently regulates** that minors are banned from purchasing cigarettes.

9. 시위 주동자들이 유인물 **복사를 몰래 했다.**

Protest leaders **covertly printed** leaflets.

10. 의원들이 대통령의 탄핵에 대해 **열띤 논쟁을 했다.**

Lawmakers **argued heatedly** about President's impeachment.

11. 학자들은 이 두 가지 접근법을 흔히 **같은 것으로 착각한다.**

Scholars **mistakenly equate** these two approaches.

12. 그 '신발 깔창' 은 안정성 **적합 판정을 받았다.**

The "shoe insert" **was adequately tested for** safety.

한영 번역 과정을 보여 드립니다 ②

한영 번역을 잘하려면 '우리말 뒤집기' 를 잘해야 합니다. 우리말 뒤집기는 다음과 같은 과정으로 이뤄집니다. "그 신발 깔창은 안정성 적합 판정을 받았다."라는 문장을 번역하려면 먼저, 우리말 문장의 핵심어를 정리해야 합니다. 핵심어는 '그 신발 깔창 / 안정성 / 적합 / 판정을 받다' 입니다. 다음으로 이제 우리말 문장은 잊어버리고 이 핵심어들만 가지고 영어 구조에 맞게 재배열합니다. '그 신발 깔창이 / 판정을 받았다 / 적합하게 / 안정성을'. 이제 각각에 맞는 표현을 찾아 번역합니다.

번역을 오래 해 오면서 몇몇 사실을 깨우치게 되었습니다. 그중 하나가 뒤집기 과정의 중요성입니다. 어떨 때는 '철저한 뒤집기 과정'이라고 하는 편이 정확하겠습니다. 그런데 이런 사실을 간과한 채 우리말 순서 그대로 번역하려고 하니 쉽지가 않은 것입니다. 여기서는 이 뒤집기에 대해서 배워 보도록 하겠습니다.

미국의 유명 영화배우 로빈 윌리엄스는 죽었지만 그가 출연한 아직 개봉되지 않은 영화가 3편 있다는 기사를 보았습니다. 이 중 "아직 개봉되지 않은 영화가 3편"을 번역해 봅시다. 영어식 순서는 어떻게 될까요?

뒤집기가 필요한 순간입니다. 우리말 어순과는 정반대로 '3편 / 영화 / 아직 개봉되지 않은' 순서로 한영 번역하면 three movies not yet to be released가 됩니다. 다음 문장으로 한 번 더 연습해 볼까요?

Ex (피해가 커서) 수력발전소 가동이 정상화될 때까지 몇 달은 걸릴 것이다.

뒤집기 걸릴 것 / 몇 달 / 될 때까지 / 가동 / 수력발전소 / 정상화

번역 It will take months until operation of the hydroelectric power plant is restored (because of the enormity of the damage).

우리말의 명사, 형용사, 동사 중 하나를 부사로 바꾸어 한영 번역하는 연습을 해 봅시다.

Ex 1. 정부는 물가를 **잡는 데 성공했다.**

설명 주어는 "정부", "물가"는 목적어입니다. 그리고 "잡는"과 "성공했다"는 동사입니다. 두 개의 동사 중 하나를 부사로 번역합니다.

직역 The government **succeeded in curbing** prices. → succeed와 curb 중 부사로 만들기 쉬운 "성공했다"를 부사로 번역해 봅시다.

번역 The government **successfully curbed** prices.

Ex 2. 그 사실에 대해 **기록된 것이 많다.**

설명 우리말 구조 그대로 옮기면 There is / are ~로 시작되는 문장으로 번역하기가 쉽습니다. 여기서는 다른 구조로 번역하는 방법을 생각해 보겠습니다. 먼저 "기록하다"와 "많다" 중 하나를 부사로 번역합니다. "기록하다" 보다는 "많다"가 부사로 만들기 쉬우니 부사형을 쓰고 the fact를 주어로 하면 "기록하다"는 "기록되다"가 되어 수동태 문장이 만들어집니다.

직역 There **is much record** about the fact. → The fact is recorded로 번역하고 "많다"에 해당하는 영어 부사를 추가합니다.

번역 The fact **is extensively recorded**.

Ex 3. 자유시장 체제에서는 양극화 현상이 **생길 수밖에 없다.**

설명 우리말의 종결어미는 영어에 비해 매우 다양해서 한국어를 영어로 번역할 때 그 의미를 제대로 살려 번역하기가 만만치 않습니다. 그중 하나가 위 예문의 "~할 수밖에 없다"입니다. "~할 수밖에 없다"를 말 그대로 번역하면 have no choice but to~ 혹은 have(has) to로 번역할 수 있습니다. 그러나 한국어 구조를 고집하는 대신 "~할 수밖에 없다"를 한 단어의 부사로 바꾸어 번역하면 영어 구조에도 맞고 우리말 종결어미의 의미도 살릴 수 있습니다.

직역 Inequalities **has no choice but to emerge** in a free market system. → Inequalities will emerge in a free market system.의 문장에

"~할 수밖에 없는"의 뜻을 가진 부사를 추가합니다.

🔲 Inequalities will **inevitably emerge** in a free market system.

참고로 "자유시장 체제"를 주어로 해도 영어식 문장이 가능합니다.

🔲 A free market system is inseparable from inequalities.

Ex 4. 그 남자가 진실하다고 **믿은 것이 실수다.**

🔲 "믿은 것이"를 동사로, "실수다"를 부사로 번역합니다.

🔲 I **made a mistake in believing** that he was trustworthy. → I

believed that he was trustworthy.라는 문장에 "실수다"라는 뜻의 부사를

추가하여 번역합니다.

🔲 I **mistakenly believed** that he was trustworthy.

Ex 5. 기후 변화로 환경에 **피해가 크다.**

🔲 우리말 구조를 그대로 직역하지 말고 '기후 변화가 환경에 큰 영향을 미

친다'는 문맥상 의미를 생각해서 "기후 변화"를 주어로, "환경"을 목적어로,

그 사이에 "영향을 미치다"를 동사로, 그리고 "크다"를 부사로 번역합니다.

🔲 **Damage is great** on the environment due to climate change. →

Climate change **affects** the environment.에 "크다"는 뜻의 부사를 추가

하여 번역합니다.

🔲 Climate change **enormously affects** environment.

참고로 enormously 대신에 extensively, widely, intensely, fiercely로 대

체 가능합니다.

Ex 6. 스마트폰에 대한 사람들의 **관심이 높다.**

[설명] "관심"을 동사구로, "높다"를 부사로 바꾸어 번역합니다.

[직역] People's **interest** in the smart phone **is rising.** → People **are interested** in the smart phone.에 "높아지고 있다"는 뜻의 부사를 추가하여 번역합니다.

[번역] People **are keenly interested** in the smart phone.

이제 여러분이 부사를 활용하여 연습 문장을 번역해 보십시오.

---

① 네가 시험 결과에 실망하는 것은 당연하다.

② 성희롱에 대한 규제가 미미하다.

③ 그가 짝퉁을 만드는 것은 불법이다.

④ 부모들은 자식에 대한 걱정이 지나치다.

⑤ 그녀는 자신의 신제품에 대한 설명을 열심히 했다.

⑥ 그가 성공한다는 것은 의심의 여지가 없다.

⑦ 그는 인터넷 이용에 관한 연구를 중점적으로 한다.

---

① 네가 시험 결과에 **실망하는 것은 당연하다.**

[직역] It **is natural** that you **are disappointed** at the test result.

[설명] "실망하는 것"은 동사로, "당연하다"는 부사로 처리합니다.

[번역] You **are naturally disappointed** at the test result.

② 성희롱에 대한 **규제가 미미하다.**

직역 **Regulation** against sexual harassment **is minimal.**

설명 "성희롱"을 주어로 하고 "규제"를 동사로, "미미하다"를 부사로 처리합니다.

번역 Sexual harassment **is minimally regulated.**

③ 그가 짝퉁을 **만드는 것은 불법이다.**

직역 It **is illegal** for him **to make** fake items.

설명 "그"를 주어로 하고 "만들다"를 동사로, "불법이다"를 부사로 처리합니다.

번역 He **is illegally making** fake items.

④ 부모들은 자식에 대한 **걱정이 지나치다.**

직역 Parents' **concern** about their children **is excessive.**

설명 "부모들"을 주어로 하고 "걱정하다"를 동사로, "지나치다"를 부사로 처리합니다.

번역 Parents **are excessively(=unduly) concerned** about their children.

⑤ 그녀는 자신의 신제품에 대한 **설명을 열심히 했다.**

직역 She **explained** her new product **very hard.**

설명 "설명"을 동사로, "열심히 했다'를 부사로 처리합니다.

번역 She **passionately explained** her new product.

⑥ 그의 이론이 맞다는 것은 **의심의 여지가 없다.**

직역 There **is no doubt that** his theory is tenable.

설명 "증명하다"라는 의미의 단어를 동사로, "의심의 여지가 없다"를 부사로
처리합니다.

번역 His theory is **undoubtedly** tenable.

⑦ 그는 인터넷 이용에 관한 **연구를 중점적으로 한다.**

직역 He **centers on** the Internet availability.

설명 "연구"를 동사로, "중점적으로 한다"를 부사로 처리합니다.

번역 He **specifically focuses on** the Internet availability.

이번에는 문단 번역입니다.

학교급식이 ① **건강해질 것이라는** ② **보도가 있습니다.** 앞으로 학교급식
은 ③ **나트륨 함량을 낮추고** ④ **통밀 함량을 높이고 야채 및 과일을 더
많이** 제공할 것이라고 합니다. 이런 정책은 미 보건국의 오랜 숙원 사업
이었습니다. 미 보건국은 이번 프로그램을 위한 ⑤ **지원을 아끼지 않을
것**이라고 합니다.

설명 우리말은 사람 주어를 생략하는 특징이 있습니다. 주어진 글의 첫 문장은
"학교급식"을 그대로 주어로 하여 번역할 수 있습니다. 또 한 가지 방법은 생
략된 학교급식의 대상, 즉 "학생"을 추가하여 주어로 정하고 번역할 수 있습
니다.

① 학교급식이 건강해질 → 건강한 학교급식(healthy school meals)

② 보도가 있습니다 → 보도에 의하면(reportedly)

③ 나트륨 함량은 낮추고 → 낮춘 나트륨 함량(less sodium)

④ 통밀 함량을 높이고 야채 및 과일을 더 많이 → 더 많은 통밀과 더 많은 야채 및 과일(more whole grains and vegetables and fruit)

⑤ 지원을 아끼지 않을 것 → 아끼지 않고 지원할 것(blindly support)

번역 It was **reported** that school meals **would be healthy**.(또는 Students will **reportedly have healthy** school meals). School meals will have **less sodium**, **more whole grains and vegetables and fruit**. U.S. Health Department has aspired the policy as the long-standing project. The department said it would **blindly support** this program.

한영 번역 과정을 보여 드립니다 ③

우리말 문장은 주어가 생략된 경우가 많습니다. 문장에서 주어가 생략된 것을 발견하지 못하면 영문 구조를 제대로 잡지 못해 번역하기가 어렵습니다.

여기서는 생략된 주어를 찾아서 주어로 정한 다음 번역하는 방법을 보여 드리겠습니다.

Ex 집회에선 등록금 인하 투쟁에 동조하는 후보에게 투표해야 한다는 발언이 나왔다.

– '발언이 나왔다' 에 주목해 생략된 주어인 '시위자' 를 찾아내서 문장의 주어로 정합니다.

–앞의 문장에서 핵심어를 찾아 정리합니다. 핵심어는 '시위자들 / 집회 / 등록금 / 인하 / 투쟁 / 동조 / 후보 / 투표 / 발언이 나왔다' 가 됩니다.

−정리된 핵심어를 가지고 우리말 뒤집기를 합니다. 즉 영어식 구조로 재배열합니다.

그러면 '시위자들 / 발언이 나왔다 / 집회에서 / 투표 / 후보를 / 동조하는 / 투쟁 /

등록금 인하' 순이 됩니다.

−이때 '발언이 나왔다' 에 주목해야 합니다. 시위자들이 발언이 나올 수는 없으니 '시

위자들이 발언했다' 가 되어야 합니다. 또한 상황이 시위 현장이니 '발언했다' 는 say

보다는 declare, urge 등 상황을 반영한 동사로 고릅니다.

−그리고 이어지는 that절에도 they를 넣어 번역해야 문법에 맞는 문장이 나옵니다.

−이제 영어식 구조로 재배열된 문장을 적절한 영어 표현으로 번역합니다. 즉 '시위자

들이 / 발언을 했다 / 집회에서 / (그들이) / 투표해야 한다 / 후보를 / 동조하는 / 투

쟁 / 등록금 인하하려는' 에 적절한 영어식 표현을 골라 봅시다.

번역 **Protests** declared that **they** should vote for candidates who would agree to

lower tuition fee.

4. 영어의 '동사+목적어+전치사' 구조 및 표현

영문을 잘 들여다보면 앞 문장에서 동사로 쓴 단어를 다음 문장에서 명사형

으로 바꿔 쓰는 것을 종종 볼 수 있습니다. **같은 단어의 반복 사용을 피하면서**

문장의 연결성을 돋보이게 하려는 의도입니다.

이런 번역을 잘하기 위해서는 평소 영문을 볼 때 앞 문장의 동사가 뒤 문장

에서 명사형으로 바뀔 때 어떤 동사와 함께 쓰이는지 눈여겨봐야 합니다. 예

를 들어 promote가 명사형인 promotion으로 쓰이면 동사 자리에 get 또

는 receive가 쓰입니다.

Ex 1. 그는 **승진할** 때가 되었다.

동사 예 It's time for him to **be promoted**.

명사 예 It's time for him to **get promotion**.

Ex 2. 숲에 산불이 나지 않도록 **보호해야** 한다.

설명 동사인 protect를 한 번 더 쓸 때는 반복을 피하고자 명사형으로 바꾸어 쓰는 것이 영어 표현의 특징입니다.

동사 예 We should **protect** forest against wildfires.

명사 예 We should **offer** forest **protection** against wildfires.

Ex 3. 사람들이 쉽게 인터넷에 **접속한다**.

설명 "접속하다"는 영어로 access입니다. access를 명사로 사용하면 get access to가 됩니다.

동사 예 People **access** the Internet effortlessly.

명사 예 People **get access to** the Internet effortlessly.

Ex 4. 지구온난화로 환경이 **위험에 처했다**.

설명 "위험에 처했다"를 번역할 때 동사는 threaten, 명사형으로 쓸 때는 pose a threat to로 씁니다.

동사 예 Global warming **threatens** the environment.

명사 예 Global warming **poses a threat to** the environment.

다음의 문장들을 번역해 보십시오.

① 실행에 적극적으로 힘을 보탤 때이다. (support를 명사로 번역)

② 교통을 통제해야 한다. (control을 명사로 번역)

③ 이런 식으로 하면 비용이 더 든다. (cost를 명사로 번역)

① 실행에 **적극적으로 힘을 보탤** 때이다.

설명 support가 명사로 쓰일 때 함께 쓰이는 동사가 있습니다. 평소 영문에서 이런 경우 어떤 동사와 함께 쓰이는지 챙겨 보시기 바랍니다. "적극적으로 힘을 보태다"는 영어로 render(=offer / give) full support for입니다.

동사 예 It's time to **support** its implementation.

명사 예 It's time to **render full support for** its implementation.

② 교통을 **통제해야** 한다.

설명 '통제하다'라는 의미를 가진 control을 명사로 쓰면 따라오는 동사는 bring입니다.

동사 예 We need to **control** the traffic.

명사 예 We need to **bring** the traffic **under control**.

③ 이런 식으로 하면 **비용이** 더 **든다**.

설명 '비용이 든다'는 뜻의 cost를 명사로 사용하면 "비용이 더 든다"는 cause higher cost로 번역할 수 있습니다. 그리고 cause는 incur로 대신할 수 있습니다.

동사 예 This approach **costs** us a lot of money.

명사 예 This approach **incurs** higher **cost** to us.

5. 명사 사용 반복을 피하는 영어의 '대명사' 사용법

우리말에서는 같은 명사를 반복적으로 사용해도 별 무리가 없습니다. 그런데 영어에서는 사람이나 사물, 사건을 가리키는 명사가 반복될 때 대명사를 씁니다. 이러한 영어의 특징에 주의하여 번역을 합시다.

1. 사람을 반복해서 가리킬 때
사람을 가리킬 때 우리말에서는 대개 명사로 반복해 언급하는데, 이러한 한국어 문장을 영어로 번역할 때는 대명사를 사용합니다.

Ex. 박 대통령이 사고 현장을 방문했다. 그 자리에서 **박 대통령**은 유족을 위로했다.

[설명] 뒤에 나오는 '박 대통령'은 she로 번역합니다.

[번역] **President Park** toured the affected area. **She** comforted the bereaved family.

2. 사건 등을 반복해서 언급할 때
우리말에서는 사건을 언급할 때도 명사를 반복해 쓰곤 합니다. 예를 들어 중국과 북한에 관한 기사에서 "북한"이라는 말이 거듭 언급되는데, 아래의 지문에서 확인할 수 있듯이 영문에서는 "북한"을 North Korea라고도 하고 문맥에 맞게 its failing ally라고도 하는 등 다양한 표현을 사용합니다.

Ex 1. 새로운 보고서에 따르면 **북한**은 오랜 우방인 중국과 사상 최고의 무역량을 기록하면서 관계를 돈독히 하고 있다. 이는 2011년 중국이 **위기에 처한 우방인 북한**을 지지하는 결정을 내린 결과이다.

🔲 According to a new report, **North Korea** is cementing ties with its old patron, China, with trade volume between them hitting new high. The dramatic increase reflects a conscious decision by Beijing in 2011 to prop up **its failing ally**.

또 다른 예를 살펴보겠습니다. 여기서는 "학생"이라는 명사를 문맥에 맞추어 "궁극적인 수혜자"라고 언급합니다.

Ex 2. 학생들이 새로 짓는 학생 빌딩의 디자인을 제안했습니다. 이 빌딩의 궁극적인 수혜자인 **학생들**이 디자인에 의견을 내는 것은 중요합니다.

🔲 **Students** suggested the design for the proposed new Students' Union building. It is important that **the ultimate beneficiaries** of the facilities should have say in its design.

이런 다양한 표현을 필요한 순간에 잘 사용하고 싶다면 평소 영문을 보면서 이런 표현들을 메모했다가 암기하십시오. 그러면 우리말 지문에서 반복되는 부분을 더 풍부한 표현으로 번역할 수 있을 것입니다.

몇 가지 주요 표현을 암기해 볼까요?

1. 대학은 **윤리 기준**이 높아야 하고 모든 교직원들은 **이런 윤리 기준**을 준수해야 한다.

[설명] "윤리 기준"의 반복을 피하기 위한 대체 표현을 생각해 봅니다.

[번역] What universities need to do is to have a high **standard of ethics** and all academics and managers must be committed to **this principle**.

참고로 이런 문맥에서는 This principle을 the standard / the code of conduct 등이 대신할 수 있습니다.

2. 교량 붕괴로 **교통이 마비되었다. 교통 마비**를 해결하는 데는 몇 달이 걸릴 것 같다.

[설명] "교통 마비"의 중복 번역을 피하기 위해 대체 표현을 생각해 봅니다.

[번역] Bridge collapse **paralyzed traffic**. It's a **situation** that will be likely to take months to fix.

참고로 이런 문맥에서는 situation 대신 accident / tragedy / calamity / disaster 등을 쓸 수 있습니다.

3. **난독증**은 독서 장애입니다. **난독증**은 뇌가 이미지를 잘 읽지 못해 발생합니다.

[설명] "난독증"의 중복 번역을 피하기 위해 대체 표현을 생각해 봅니다.

[번역] **Dyslexia** is a reading problem. The common understanding is that **the disorder** is caused when the brain has difficulty translating images.

참고로 이런 문맥에서는 disorder 대신 malfunction / dysfunction / abnormality 등을 사용할 수 있습니다.

4. 십 대들의 **처방전 남용**이 심각한 수준으로 밝혀졌습니다. 특히 남자 고등학생이 **처방약을 무분별하게 사용하고 있는 것**으로 드러났습니다.

[설명] "처방전 남용"의 중복 번역을 피하기 위해 대체 표현을 생각해 봅니다. 참고로 "남용이 심각하다"는 부사+동사 구조인 heavily abuse로 번역할 수 있습니다.

[번역] Teenagers are known to be heavily **abusing prescription drugs**. A report suggests that more than boy students of high schools have engaged in this **malpractice**.

그리고 이런 문맥에서는 malpractice 대신 wrongdoing / misconduct / misdeed / transgression / delinquency 등을 쓸 수 있습니다.

5. 글로벌 첨단 기술 기업들이 세계 최고 수준의 **다양한 복지 혜택**을 제공하고 있습니다. **이런 복지 혜택**은 회사에 상주하는 시간을 늘려 동료와의 협업을 장려하기 위해서입니다.

[설명] "복지 혜택"의 중복 번역을 피하기 위해 대체 표현을 생각해 봅니다.

[번역] Global high-tech companies are offering **many top-rated welfare systems** to their employees. **This attempt** is to encourage employees to stay longer hours in the office for more direct contacts with their coworkers which will lead to more collaboration.

참고로 이런 문맥에서는 attempt를 endeavor / effort / move / pursuit 등으로 대신할 수 있습니다.

6. 오렌지 주스를 파는 **회사가 주스에 물을 타서 판매했습니다.** 그러니 제 값을 주고 산 소비자들은 돈을 더 지불한 셈입니다. **회사는 주스에 물을 타서 판매한 결과** 불법적인 수익을 얻게 되었습니다.

📖 "회사가 주스에 물을 타서 판매했다"는 내용의 중복 번역을 피하기 위해 대체 표현을 생각해 봅니다.

📝 A company is producing fruit juice, and **it dilutes and sells it.** That is, consumers pay an extra amount for their carton of orange juice. For the company, **this deception** results in illegal profit.

참고로 이런 문맥에서는 deception 대신 fraud / trickery / deceit / deceitfulness / deceptiveness 등을 사용할 수 있습니다.

그러면 앞에서 학습한 내용을 바탕으로 문제를 풀어 봅시다. 한글 지문을 보면서 번역된 영어 지문 중 빈칸에 적당한 단어를 넣어 보세요.

① 치즈는 모두가 좋아하는 것 같다. 그런 간식거리인 치즈를 놓고 미국과 유럽은 현재 소유권 다툼을 하고 있다. 하지만 치즈 애호가들은 여전히 치즈를 즐겨 먹고 있다.

📝 **Cheeze** seems to have universal appeal. But what once was an innocent snack now sparked international food fight between the EU and the U.S. over its national identity. However, cheese lovers continue to enjoy their (f_____) (f_____).

② 어둠을 틈타 동물 애호가들이 **유기견을 살리기 위해** 도로를 돌아다니고 있

다. 약 12명이 가능한 많은 **유기견을 살리기 위해** 참여하고 있다.

📖번역 Under the cover of darkness, animal-lovers are roaming the streets in search of stray dogs **to keep them alive**. About as many as a dozen volunteers join the (o_____) to rescue as many stray dogs as possible.

③ 실리콘밸리에 유명한 미국 정보통신업체가 들어서면서 **빈부 격차가 심해지고** 있다. **빈부 격차가 심해지면서** 집세가 천정부지로 치솟자, 기존 거주자들은 그 비용을 감당하지 못해 식료품을 공급받는 푸드뱅크를 전전하는 신세에 이르렀다.

📖번역 **Disparity** in the Silicon Valley **is escalating** as this area houses biggest tech companies. In the face of soaring housing costs driven by this (c_____), the traditional residents are waiting in line at the local food bank for food supplies.

해답 ① favorite food, ② operation, ③ change

6. 동사 번역

우리말을 영어로 번역할 때 많은 사람들이 우리말 단어 하나하나를 다 영어로 바꿉니다. 이를테면 "무게를 재다"를 measure weight로 번역합니다. 그냥 weigh라고 써도 되는데 말이죠. 또 같은 말이라도 그 말을 하는 사람의 백악관 집무실 책상은 이름이 있습니다. 청교도들이 영국에서 타고 온 배의 나무로 만들어진 이 책상의 이름은 resolute입니다. 중요한 결정을 내려야 할 일이 많은 자리이니 '단호한 결정'을 내리라는 의미로 지은 이름입니다.

이 이름은 우리에게도 시사하는 바가 있습니다. 중요한 결정을 앞두고 있을 때 우리는 우물쭈물합니다. 그래서 아일랜드 출신의 극작가 버나드 쇼가 묘지명으로 "우물쭈물하다가 이럴 줄 알았어.(I know if I stayed around long enough, something like this would happen.)"라고 쓴 것일지도 모릅니다.

하지만 결정, 그 자체가 중요한 것은 아닙니다. 어차피 한쪽은 가지 못하는 길입니다. 그러니 단호하게 결정을 내리고 그 결정을 몸과 마음을 집중하여 끈기를 가지고 실행해 나가야 합니다. 그것만이 좋은 결과를 낳을 수 있는 유일한 방법입니다. 여러분의 책상 이름은 무엇입니까?

연령에 따라 다른 영어 표현을 쓰기도 하는데 특히 동사를 달리 쓰는 경우가 많습니다. 예를 들어 "어제 친구들과 놀았다."를 I played with my friends yesterday.로 번역할 수 있는데 play는 어린아이들이 친구와 노는 것을 가리키는 표현이기 때문에 놀이의 주체가 어른일 때는 I hang out with my friends yesterday. 또는 I spend time with my friends yesterday.와 같이 번역해야 합니다.

이렇듯 영어 동사 선택은 우리말 표현을 따르는 것이 아니라 우리말 문장 전체를 읽고 **문맥이나 상황에 맞는 영어 동사를 찾는 것**이 중요합니다.

예컨대 "교육계에 대한 비난의 목소리가 높아지고 있다."라는 문장을 번역해 보라고 하면, 많은 이들이 우리말 문장 구조 그대로 주격조사 '가'가 붙어 있는 "교육계에 대한 비난의 목소리"를 주어로 하고, "높아지고 있다"를 동사로 하여 A critical voice toward education circle is getting higher.라고 번역합니다.

그러나 제대로 번역하려면 우리말 문장에서 조사나 무의미한 표현을 정리하고 핵심어만 빼낸 후 영어식으로 재배열하는 작업을 먼저 해야 합니다. 그렇게 해서 나온 핵심어 '교육계 / 비난하다 / 높아지다'를 가지고 문장을 재구성합니다.

"교육계"를 주어로 하면 "비난하다"는 "비난받다"로 수동태형을 취해야 합니다. 그리고 "높아지다"는 앞에서 학습한 부사+동사의 형태를 취하기 위해 부사로 바꿉니다. 그러면 최종 번역은 The education circle is widely criticized.가 됩니다.

자, 그러면 우리말 동사에 대한 영어 등가 표현을 어떻게 찾는지 예를 가지고 연습해 보겠습니다.

Ex 1. 수입이 줄면서 중산층의 기반이 **약해졌다**.

[직역] As income is declining, the foundation of middle class **becomes weak**.

[설명] 우리말 문장의 주어+서술어 구조는 영어에서 형용사+명사 구조로 전환되는 경우가 많습니다. 여기서도 "수입이 줄면서"는 "줄어든 수입"으로 바꾸어 주어로 정하고 "중산층의 기반"을 목적어로 합니다. 그런 다음 주어와 목적어 사이에 필요한 동사를 생각해 보는 겁니다.

"줄어든 수입"이 "중산층의 기반"이 약해지는 것을 초래했으니 동사로 undermine / impair / hamper / weaken 등을 쓸 수 있습니다.

{번역} The declining income **undermines** the foundation of middle class.

Ex 2. 신용카드 사기로 인한 피해 사례가 **속출하고 있다.**

{직역} Damage incidents **are rapidly emerging** due to credit card scam.

{설명} 우리말 문장을 잘 읽어 보면, 그 뜻은 '신용카드 사기가 피해 사례를 속출시키고 있다'는 것입니다. 그러니 "신용카드 사기"를 주어로 하고, "피해 사례 속출"을 영어의 형용사+명사 구조로 바꾸어 "속출된 피해 사례"를 목적어로 정합니다. 그리고 주어와 목적어 사이에 올 영어 동사를 생각해 봅니다. 참고로 피해 사례가 **나타나는** 것은 a **growing** number of damage incidents, 피해 사례가 **급증(속출)하는** 것은 an **accelerating** number of damage incidents입니다.

{번역} Credit card scam **engenders** an accelerating number of damage incidents.

이제 연습 문장을 번역해 보십시오.

---

① 몇몇 건설업체가 부도 위기에 몰릴 거라는 흉흉한 소문도 나돌고 있다.
② 기후 변화에 따라 물을 확보하기 위한 국가 간, 지역 간 경쟁이 치열해질 전망이다.
③ 대학가 연례행사인 등록금 투쟁이 서울 도심으로 진출한 것은 이례적이다.

---

① 몇몇 건설업체가 부도 위기에 **몰릴 거라는** 흉흉한 소문도 나돌고 있다.

📖 'There are 나돌고 있는 흉흉한 소문 that 주어+동사+목적어'가 기본 구조입니다. that절의 주어는 "몇몇 건설업체", 목적어는 "부도 위기"가 됩니다. 그 사이에 필요한 동사를 생각해 봅니다.

📝 There are widespread ominous rumors that some construction companies may **face** bankruptcy.

② 기후 변화에 따라 물을 확보하기 위한 국가 간, 지역 간 **경쟁이 치열해질 전망이다.**

📖 우리말 구조 그대로 번역하면 "국가 간, 지역 간 경쟁"이 주어가 되고, "치열해질"이 동사가 되고, 나머지 부분이 to secure water due to climate change로 되어 번역 결과가 깔끔하지 않습니다.

우리말 문장을 잘 읽어 보면 그 뜻은 "기후 변화가 국가 간, 지역 간 치열한 경쟁을 부추길 것"입니다. 그러니 주어는 "기후 변화", 목적어는 "국가 간, 지역 간 치열한 경쟁"으로 정하고, 그 사이에 필요한 동사를 생각해 봅니다.

📝 Climate change **will trigger intense competition** among nations and regions in search of water.

③ 대학가 연례행사인 등록금 투쟁이 서울 도심으로 **진출한 것은** 이례적이다.

📖 한글 문장을 번역하기 어려운 경우 중 하나는 한글 문장 자체에 수식이 많은 경우입니다. 이에 대한 해결 방안은 처음부터 차례대로 번역하는 것이 아니고, 문장의 핵심어를 정리해 다시 배열한 다음에 수식하는 말을 적절한 자리에 끼워 넣는 식으로 번역하는 것입니다.

"대학가 연례행사인 등록금 투쟁이 서울 도심으로 진출한 것은 이례적이다."에서 핵심어는 '등록금 투쟁 / 진출 / 이례적' 입니다. 이 세 단어를 영어식으로 배열하면 '등록금 투쟁이 진출되었다 / 이례적으로' 입니다.

이에 대한 영어 표현을 생각해 보겠습니다.

먼저, "등록금 투쟁"은 the protest against higher tuition입니다.

다음으로, "진출"은 등록금 투쟁이 주어이니 '(대학가에서 서울 도심으로) 이동되었다' 라는 수동형 동사가 필요합니다. was brought로 번역할 수 있겠지요.

마지막으로, "이례적"은 우리말 표현 그대로 형용사로 번역하기 쉽지만, 문맥상 진출한 것이 이례적이라는 뜻이므로 '이례적으로 진출했다'의 의미로 생각하여 unprecedentedly라는 부사어로 번역합니다.

이제까지의 설명을 정리하면 다음과 같은 영어 문장이 나옵니다.

The protest against higher tuition was unprecedentedly brought.

자, 이제 우리말 문장에 있던 나머지 부분들을 끼워 넣을 차례입니다.

나머지 부분 중 "대학가 연례행사"는 "등록금 투쟁"과 동격이니 "등록금 투쟁" 다음에 쉼표와 쉼표 사이에 an annual event in university districts로 번역하여 넣거나 "등록금 투쟁" 다음에 which is held annually in university districts로 번역합니다.

그리고 "서울 도심으로"는 brought to 다음에 끼워 넣어 brought to the central Seoul로 마무리합니다.

번역 The protest against higher tuition, which used to be held annually in university districts **was unprecedentedly brought to** the central Seoul.

이제 '문장의 핵심어를 정리해 배열하고 그 뒤에 수식하는 말을 적절한 자리에 끼워 넣는 방식'으로 다음의 지문을 영어로 번역해 봅시다.

> **6자 회담이 중단되면** 중국과 러시아가 대북 지원 및 경제협력사업을 현재 수준으로 유지하기 어렵기 때문에 북한 경제가 **상당한 어려움을 겪을 것으로 예상된다.**

설명 위의 문장을 잘 읽어 보면 "6자 회담이 중단되면 북한 경제가 상당히 어려움을 겪을 것"이라는 점이 핵심입니다.

핵심어를 재배열하면 주어는 "중단 of 6자 회담", 목적어는 "북한 경제"이고, 그 사이에 "상당히 어렵게 할 것"에 해당되는 영어 동사를 찾아 넣으면 됩니다.

그런 다음 "중국과 러시아가 ~ 어렵기 때문에"를 because절로 추가합니다. because절의 주어는 "중국과 러시아", 동사는 "유지하기 어렵다"입니다.

그리고 "현재 수준으로"는 그 형태가 "~으로는"이긴 하지만 "유지하기 어렵다"의 목적어가 되어야 하기에 "현재 수준을"이라고 바꾸어 놓고 한영 번역합니다.

번역 **Suspension of 6-party-talks** would **threaten** North Korea's economy because China and Russia can't maintain the current level of their support and economic cooperation toward North Korea.

7. 전치사구 번역

영어에서는 우리말에 없는 전치사구가 많이 쓰입니다. 영어의 특징입니다. 그러므로 한영 번역을 할 때는 전치사구를 많이 활용해야 합니다. 그러기 위해서는 먼저 전치사구를 많이 정리하고 잘 외워 두어야겠지요.

영문에 많이 쓰이는 전치사구 몇 가지를 정리해 보겠습니다.

1. 안전을 **위해** 가로등을 설치했다.

In the interest of safety, they stalled street lamps.

2. 그 사람을 **놓칠까 봐** 그 여자는 불안했다.

She agitated herself **for fear of** losing him.

3. 역경 **속에서** 그는 성공했다.

In the face of adversity, he became a self-made man.

4. 위기가 닥쳤**을 때** 정신을 더 바짝 차려야 한다.

In times of crisis, we need more alertness.

5. 온실가스 감축을 위한 조치**가 없을 경우**, 지구 온난화 현상은 심각해질 수밖에 없다.

In the absence of action to reduce greenhouse gases, effects of global warming will get worse.

6. 그 제안을 **관철시키기 위해** 계속 투쟁했다.

In support of(=In defence of) the proposal, he continued to fight.

7. 정보기술 사회가 도래함**에 따라** 컴맹 탈출이 시급해졌다.

In response to the advent of I&T society, the computer illiteracy is an impending issue to tackle promptly.

8. 이런 맥락**에서 볼 때** 그가 맞다.

In light of these dimensions, he is undoubtedly true.

9. 편의**를 봐준 대가로** 작은 선물을 준비했다.

In return for favors, here is a small present for you.

10. 크리스마스**를 맞이하여** 크리스마스트리를 만들었다.

On the occasion of Christmas, a Christmas tree was decorated.

11. 우리 그룹이 성공하기 위해서는 협동**할 필요성이 있다**.

Success of our group is **in need of** collaboration.

12. 오염이 심각**해서**, 실내에 머무르라는 권고가 있었다.

As a result of heavy pollution, people are encouraged to remain inside.

13. 기관과 **협력해서** 유용한 정보를 수집했다.

They collected useful information **in concert with** the agency.

14. 새로운 이민법에 **항의하기 위해** 시위를 했다.

In protest of the new immigration law, people took to the streets.

15. 북한의 3차 핵실험과 **관련해** UN 안보리 대북 제재 결의안이 채택됐다.

On the heels of the 3rd nuclear test North Korea had undertaken, the U.N. Security Council adopted a resolution to impose sanctions on N.K.

16. 비난이 **일자**, 기관에서 보도 자료를 냈다.

In the wake of criticism, the agency issued a press release.

17. 볼펜 **대신에** 연필을 쓸 수 있다.

You can use pencils **in place of** pens.

18. 그의 희망**대로** 그는 자신의 고향으로 전근되었다.

In compliance with his desire, he was transferred to his hometown.

19. 제가 이 일**의 담당자**입니다.

I am **in charge of** the task.

20. 물**을 찾아**20마일을 걸었다.

They walked 20 miles **in search of** water.

이제 우리말 지문을 번역해 봅시다.

> 우리나라의 물 빈곤 지수는 세계 147개국 중 43위, OECD 29개국 중
> 20위입니다. **이와 같은 현실에서** 강에 대한 전략적 활용 전략은 필수 과
> 제이며 물의 중요성에 대한 재인식 및 물의 자원화와 전략화를 위한 방
> 안 모색이 필요한 때입니다.

설명 먼저 "몇 위이다"에 해당하는 영어 표현을 고민해야 합니다. rank는 자
동사로도 타동사로도 쓰이는 동사이므로 "그녀는 2등이다."는 She was
ranked second. 또는 She ranked second.라고 쓸 수 있습니다. rank가
명사로 쓰일 때는 She held the second rank.로도 쓸 수 있습니다.

둘째, "이와 같은 현실에서"를 직역하면 in a reality like this가 됩니다. 이
보다 더 나은 영문을 구사하려면 전치사구를 활용하면 됩니다. in the face
of this reality를 암기해 둡시다.

셋째, "강에 대한 전략적 활용 전략은 필수 과제이며 물의 중요성에 대한 재
인식 및 물의 자원화와 전략화를 위한 방안 모색이 필요한 때입니다."에서
주어를 결정하는 방법을 소개하겠습니다.

"강에 대한 전략적 활용 전략"에는 "전략"이 두 번 들어가 있습니다. 물론 글
자 그대로 번역하면 안 되겠지요. 그리고 "강에 대한 전략적 활용", "물의 자
원화와 전략화를 위한 방안 모색"에서 "강"과 "물"은 같은 것을 지칭합니다.

정리하면 "강, 즉 물을 전략적으로 활용해야 한다"는 내용이 반복되고 있는 것을 알 수 있습니다. 따라서 우리말 문장을 잘 정리하여 "물의 전략적 활용"을 주어로 정하고 나머지 부분을 핵심어 정리를 합니다.

"물의 전략적 활용은 필수 과제이며 물의 중요성에 대한 재인식 및 물의 자원화를 위한 방안 모색이 필요한 때입니다."

그러면 핵심어는 '물의 전략적 활용 / 필수 과제 / 필요 / 방안 모색 / 재인식 / 물의 중요성 / 자원화'로 정리되겠지요.

번역 Korea's Water Poverty Index ranks 43rd out of 147 and 20th out of 29 OECD countries. **In the face of this reality**, the strategic use of water is essential and Korea is in need of seeking compelling measures to raise the value of water as one of resources.

한영 번역 과정을 보여 드립니다 ④

우리말 문장 중 같은 의미이지만 다른 형태로 반복되어 쓰인 경우에는 그중 하나를 삭제한 후에 번역합니다.

앞에서 설명한 예 "강에 대한 전략적 활용 전략"에서는 "전략"이라는 말이 중복된 것을 정리하여 번역했습니다. 이와 같이 우리말 문장에서 같은 단어를 반복하는 경우는 중복을 피해 번역합니다.

문제는 **같은 의미**이지만 **다른 단어**를 쓰는 경우도 찾아서 그중 하나를 삭제해야 영어식 번역이 가능하다는 것입니다. 몇 가지 예를 통해 그러한 번역 과정을 보여 드리겠습니다.

Ex **경기 침체기**를 글로벌 수준의 경영 인프라를 구축하는 **전기**로 삼고 **위기**를 오히려 새로운 **기회**로 삼겠습니다.

설명 위의 문장에서 "경기 침체기"와 "위기"는 같은 의미, 다른 단어입니다. 그러니 둘을 다 번역하지 말고 "위기"를 버리고 그 구체적 내용인 "경기 침체기"를 가지고 번역해야 합니다.

다음으로, "전기"와 "기회"도 같은 의미, 다른 단어입니다. 여기서는 "전기"를 버리고 "기회"만 번역합니다. 즉 "구축하는 전기로 삼고"를 "구축하기 위해"로 번역합니다.

끝으로, 예문의 핵심어를 정리해 봅니다.

(생략된 주어: 우리) / 삼겠다 / 경기 침체기 / 새로운 기회 / 구축하기 위해 / 글로벌 수준의 경영 인프라

이제는 적절한 표현을 찾아서 이 구조대로 번역합니다.

번역 We will grab the current economic crisis as an opportunity to set up global-rated management infrastructure.

그 외에 한영 번역을 위해 암기해 두면 좋은 'in+명사+전치사' 형태 표현으로는 다음과 같은 것들이 있습니다.

1. 비가 올 **경우** 게임이 취소될 수 있다.

In case of rain, the game will be called off.

2. 작업 환경**만 보자면** 이 직장이 최고다.

In terms of working conditions, this workplace is second to none.

3. 자유 무역은 공정 무역과 **연결해** 생각할 필요가 있다.

Free trade needs to be considered **in conjunction with** fair trade.

4. 많은 선행**을 해서** 상을 받았다.

He was awarded the prize **in consideration(=view / recognition) of** many kind services.

5. 우리 가족**과 비교하면** 그의 가족은 재미없다.

In comparison with our family, his is dull.

6. 그는 세금을 만 불 **이상** 낸다.

He pays **in excess of** 10,000 dollars in tax.

7. 추가 주문**을 하면** 단가를 낮춰 주시겠습니까?

Would you reduce the unit cost **in exchange for** an additional order?

8. 나는 언제나 네 **편이다.**

I am always **in favor of** you.

9. 이 공원은 셰익스피어**를 기념하기 위해** 조성되었다.

This park was created **in honor of** Shakespeare.

10. 첫사랑을 만나려는 **희망으로** 개츠비는 파티를 수년간 열어 왔다.

Gatsby has been having these parties for many years **in hopes of** coming across his first love.

11. 전통**에 따라** 그들은 서로에게 큰절을 했다.

In keeping with tradition, they bowed to each other deeply.

cf. 전통**에 따르지 않고** 그들은 서로를 포옹했다.

Out of keeping with tradition, they hugged each other.

12. 임금 인상 **대신에** 특별 수당이 지급되었다.

A bonus was paid **in lieu of** a wage increase.

13. 그 컴퓨터 게임**에 빠져 있는** 사람이 많다.

There are countless players **in love with** the computer game.

14. 교통 신호**를 지켜** 길을 건너라.

Cross the street **in observance of** traffic signals.

15. 북한이 금강산 관광 지구 내의 남한 재산을 처분하겠다고 한 것은 계약 **위반이다.**

North Korea's threat to dispose of all South Korean property at the Mt. Geumgang resort was **in violation of** contract laws.

16. 그녀의 부정행위**는** 용서되어야 한다.

In regard / respect / reference to her wrongdoing, she should be forgiven.

17. 사람들이 건강에 관심을 가짐**에 따라** 건강식 시장이 커지고 있다.

The market for healthy diets is expanding **in line with** people's strong interest in health.

---

expand와 extend

expander extend 이 두 단어를 혼용하여 쓰는 사람들이 많습니다. 기본적으로는 두 단어 다 '길고 / 크고 / 넓게 확장하다' 라는 의미가 있어 혼용이 가능합니다.

−We are trying to **extend** out business to European market. (우리는 유럽 시장까지 사업을 확장하려 한다.)

−The hotel wants to **expand** its business by adding a swimming pool. (그 호텔은 수영장을 만들어 사업을 확장하려 한다.)

하지만 다음의 경우에는 구별해서 써야 합니다.

−expand: 부피가 팽창하는 경우

　　ex. The market for healthy diets is **expand**ing. (건강식 시장이 커지고 있다.)

−extend: 길이나 기간이 길어지는 경우

　　ex 1. We plan to **extend** the kitchen **by six feet**. (부엌을 6피트 넓힐 계획이다.)

　　ex 2. Pls. **extend** a deadline **for another week**. (일주일만 마감을 늘려 주세요.)

---

8. 우리말의 서술어를 영어의 목적어로 전환하는 방법

우리말 문장에서 동사가 두 개 이상 나올 때 제일 마지막에 나오는 동사는 영어 구조에서 '목적'의 의미를 가질 때가 많습니다.

Ex 1. 톰 크루즈가 방한해서 영화를 **홍보했다.**

[설명] 톰 크루즈가 '~을 홍보하기 위해 ~했다'는 의미입니다.

[번역] Tom Cruise came to Korea **to promote** his movie.

Ex 2. 연구원들이 북극으로 가서 북극곰들의 생태를 **조사했다.**

[설명] 연구원들이 '~을 조사하기 위해 ~으로 갔다'는 의미입니다.

[번역] Researchers went to Arctic **to study** ecology of polar bears.

Ex 3. 앞으로는 저희가 제도를 좀 더 개선하여 대중의 거부감을 **줄여 보도록** 하겠습니다.

[설명] '대중의 거부감을 줄이기 위해' 제도를 개선하겠다는 의미입니다.

[번역] We will make some change **to ameliorate** popular aversion.

이제 연습 문장을 번역해 보십시오.

① 정부 관료, 글로벌 기업의 최고 경영자들과 학계, 연구기관 등 전 세계 인사들과 에너지 전문가들이 이 회의에 참석하여 인류가 당면한 에너지 이슈들을 **심도 있게 논의하고자 합니다.**

② 본 연구에서는 기후 변화에 따라 산업별로 나타나는 취약점들을 조사하여 이에 대한 적응 방안**을 모색하고자 한다.**

③ 사용자가 갑작스럽게 사망하는 경우, 그들의 정보를 친구나 가까운 지인들에게 전송하거나 삭제하도록 되어 있어서 개인 정보나 사생활**이 보호를 받는다.**

① "~을 심도 있게 논의하기 위해" 회의에 참석한다는 의미입니다.

번역 World leaders and energy experts including governmental officials, energy CEOs, and numerous scholars and researchers will attend this conference **to passionately discuss** energy issues under the theme of "Securing Tomorrow's Energy Today."

② "~을 모색하기 위해" 조사한다는 의미입니다.

번역 This study examines industrial vulnerability in the wake of climate change **to suggest** subsequent adaptation measures.

③ "개인 정보나 사생활 보호를 위해 ~에게 전송하거나 삭제하도록 규제한다"는 의미입니다.

번역 In times of sudden death, information is directed to be delivered to friends or people close to them or deleted completely **to have** their personal information or private lives **protected**.

문단을 번역해 봅시다.

> 존 케리 미 국무장관이 터키와 이스라엘의 외교 관계 회복을 촉구하고 나섰습니다. 그는 양국을 방문해서 양국 관계 개선**을 촉구할 것입니다.**

설명 "촉구하고 나섰습니다"는 'urge 사람 to 부정사' 구조입니다. 그리고 문맥상 양국을 방문하는 이유는 '관계 개선을 촉구하기 위해서' 입니다.

번역 The US Secretary of State John Kerry is urging Turkey and Israel to recover their diplomatic ties. He is planning on visiting the two nations **to help** restore ties between two countries swiftly.

9. 문장과 문장, 문단과 문단을 이어 주는 연결어 공식

'연결어' 라고 하면 누구나 쉽게 besides, furthermore, on the other hand 등을 떠올립니다. 그런데 영어책이나 영자 신문을 읽다 보면 equally important, at the same time, naturally 등이 문장과 문장, 문단과 문단을 이어 주는 것을 흔히 볼 수 있습니다. 평소 영문을 읽다 이런 경우를 만나면 그때그때 정리하고 암기하는 것이 좋습니다. 좋은 재료가 많을수록 다양하고 맛있는 요리를 만들 수 있습니다.

자, 그러면 이제 문장과 문장, 문단과 문단을 연결하는 연결어에 대해 알아봅시다.

Ex 1. 뜻밖에도 그는 실험에서 아스피린이 혈압을 안정시킨다는 사실을 알아냈다.

[직역] **Unexpectedly**, he found in the experiment that aspirins stabilize blood pressure.

[설명] unexpectedly 또는 surprisingly를 쓸 수 있습니다. 그리고 "실험에서 ~을 알아내다"에 해당되는 영어 구조는 사람을 주어로 하기보다는 "실험"을 주어로 하는 경향이 많습니다. "실험이 ~를 밝히다"의 구조입니다. 즉 The test / experiment / findings revealed that~의 구조로 번역됩니다. 유사한 예로 "그가 발표한 보고서에서 ~과 같은 사실이 밝혀졌다."는 His report found that~으로 번역할 수 있습니다.

[번역] **Unexpectedly(=Surprisingly)**, his test / experiment / findings revealed that taking aspirins maintains blood pressure.

Ex 2. 시장은 강력한 금연정책을 펼치고 있다. **당연히** 흡연자를 비롯한 담배회사와 판매업자는 이번 조치가 너무 지나치다며 반발하고 나섰다.

[직역] The mayor has been enforcing a strict anti-smoking policy. **Naturally**, the industry and tobacco stores as well as smokers are protesting against the policy, saying, it's too much.

[설명] 이 문장에서 "당연히"를 번역할 때에는 naturally를 대신할 수 있는 not surprisingly를 암기하고 있어야 합니다. 다음으로 "반발하고 나섰다"를 번역할 때는 앞에서 학습한 전치사구를 활용해 번역해 봅니다. 끝으로 "너무 지나친"은 inordinate임을 기억합시다.

[번역] Mayor has been enforcing a strict anti-smoking policy. **Not surprisingly**, the industry and tobacco stores as well as smokers are in protest of the policy, saying it's an inordinate measure.

Ex 3. 그가 직장 가까이 이사를 왔다. **그래서** 일할 시간을 더 벌게 됐다.

직역 He moved to the place near his company. So, he had more time to work.

설명 "그래서"의 의미를 한 겹 벗겨 보면 '직장 가까이 이사를 온 결과' 임을 알 수 있습니다.

번역 He moved to the place near his company. **As a result**, he gained more time to work.

Ex 4. 번역은 **크게** 두 가지로 구분한다.

직역 Largely, translation falls into two categories.

설명 우리말의 "크게"는 문맥에 따라 참 다양하게 번역됩니다. "크게 다쳤다" 는 be badly hurt로, "크게 뉘우치다" 는 deeply regret로 번역됩니다. 위 예문의 "크게"는 '넓게 두 가지로 구분한다' 는 의미입니다.

번역 **Broadly**, translation falls into two categories.

Ex 5. 학교는 학생을 교육시켜야 한다. **또한** 학교는 학생들의 소양 교육**도** 해야 한다.

직역 Schools should teach students. **Besides**, schools should cultivate their psychological attainments.

설명 이 문장에서 "또한"을 영어로 옮길 때 besides, in addition, furthermore 를 써도 되지만 너무 진부한 표현입니다. 좋은 영문을 잘 살펴보면 위와 같은 진부한 표현 대신 부사 형태(예를 들면 equally important)의 연결어를 많이 쓰고 있는 것을 알 수 있습니다.

다음으로 "소양 교육"에 대응하는 영어 표현을 찾기가 만만치 않은데, 이럴 때는 "소양 교육" 전체를 찾지 말고 "소양"의 한자 의미를 생각해 본 후 번역에 들어가는 겁니다. "소"는 '바탕, 본질', "양"은 '좋은 마음'입니다. 그러니 good-natured character를 교육하는 것으로 번역합니다.

번역 Schools need to educate students. **Equally important**, schools should educate students for nurturing their **good-natured characters**.

한영 번역 과정을 보여 드립니다 ⑤

한영 번역에서 또 하나 어려운 점이 있다면, 바로 **우리말과 등가를 이루는 영어 표현을 찾는 것**입니다. 구조와 표현이 다른 두 언어에서 등가 표현을 찾을 수 있는 경우는 찾을 수 없는 경우보다 적습니다. 예를 들면 "단속 경찰"이라는 단어를 인터넷에서 검색하면 필요한 영어 표현은 나오지 않고 단속 경찰에 대한 이런저런 기사와 정보 등만 나옵니다. 또 사전 검색을 해 봐도 쓸 만한 표현을 찾기 어렵습니다.

　해결 방법을 알려 드리겠습니다. 그것은 바로 **찾고자 하는 단어를 가장 작은 의미 단위로 나누는 방법**입니다. "단속 경찰"에서 가장 작은 의미 단위는 "단속"과 "경찰"입니다. 그러면 '경찰'과 '단속'의 관계를 따져 볼까요? 우리말은 "경찰" 앞에 "단속"이 위치한 구조이지만, 영어에서는 a policeman to crack down(단속하는 경찰)으로 그 구조가 달라집니다.

　또 다른 예를 들자면 "(그 사건의) 배후 조직"을 번역할 때 학생들은 대부분 "배후 조직" 전체를 영어로 바꿀 생각을 합니다. 하지만 그런 등가 표현은 영어에 없습니다. "단속 경찰"과 마찬가지로 최소한의 의미 단위인 "(그 사건의) 배후 / 조직"으로 나눈 후 뒤집기를 해야 합니다. 즉 "조직"과 "배후"의 순서로 번역하면 organization behind (the incident)가 됩니다.

정리하면 한국어 표현을 영어로 번역할 때는 **최소한의 의미 단위로 나누어 적절한 표현을 찾은 후 영어 구조로 재배열**하는 과정을 거쳐야 합니다.

그러면 간단한 문제를 하나 풀어 봅시다. 아래 지문의 빈칸에 필요한 연결어를 보기에서 찾아 써 보세요.

> 보기 at this (critical) juncture, admittedly, fundamentally, naturally, ideally

① **사실** 이것이 매우 유용하다는 것이 밝혀졌다.

_____ it turns out to be very useful.

② **이런 중대한 시점에는** 투자자를 찾는 것이 시급하다.

_____, it's urgent for me to find an investor.

③ 항공청은 비행 중 스포츠 장비 반입을 허락했다. **이에** 승무원들은 이 정책에 반대하고 나섰다.

Transportation Security Administration allowed passengers to carry sports equipment on planes. _____, flight attendants have been strongly fighting this policy.

④ 더 열심히 했어야 한다는 것은 **인정하지만** 비난이 너무 심하다고 생각한다.

_____ I could have tried harder but I still don't think all this criticism is fair.

⑤ 매일 30분씩 운동하는 것이 **좋다**.

_____, you should exercise for 30 minutes every day.

해답 ① Fundamentally ② At this(critical) juncture ③ Naturally ④ Admittedly ⑤ Ideally

이번에는 우리말 지문을 영어로 번역해 봅시다.

한국디지털대학교는 삼성과 공동으로 '정보화 캠페인' 을 통해 전 국민을 대상으로 무료 정보화 교육을 하고 있습니다.

또한 사이버 대학의 특성인 "언제나, 어디서나, 그리고 누구나" 고등교육을 받을 수 있는 이점을 십분 활용하여, 되도록 많은 사람들이 지식 기반 사회가 필요로 하는 고등교육을 받을 수 있도록 '고등교육 보편화 운동' 도 전개하고 있습니다.

그뿐 아니라 사이버 대학의 특수성으로 인해 교직원과 학생, 그리고 학생과 학생들 간의 면대면(face-to-face) 관계가 소홀해질 수도 있는 점을 보완하기 위해 다양한 노력을 하고 있습니다.

설명 "또한"을 영어로 번역하면 거의 대부분이 and로 번역할 것입니다. 그러나 전문 번역사는 거기에 그쳐서는 안 됩니다. 그래서 저는 항상 필요한 표현을 찾을 때 두 가지 기준을 지키려 노력합니다.

1. 한국말 표현 그대로 영어로 쓰지 않기

2. 번역물을 가장 먼저 읽는 의뢰인이 좋은 표현이라고 생각할 만한 표현 찾기

이것이 "또한"을 and가 아니라 not surprisingly로 번역하는 이유입니다. 같은 이유로 "그뿐 아니라"를 흔히 쓰는 besides 등으로 하지 않고 문맥의 흐름에 적합한 equally important 혹은 at the same time으로 번역합니다.

번역 KDU is providing free information technology lectures nationwide through its IT campaign with Samsung.

Not surprisingly, making full use of characteristics of a digital university where anyone can receive higher education whenever and wherever they want, KDU continues to launch the campaign for "universal access to higher education" to ensure that many people are able to receive the higher education necessary for the information society.

Equally important, KDU has made unwavering effort to keep face-to-face interaction between faculty and students and between students themselves stronger which might be diluted in a cyber campus.

여기서 잠시 연결어에 대해 알아봅시다. 문장과 문장 또는 문단과 문단을 이어 주는 연결어(connectives)는 부연, 비교, 대조, 예시, 순서, 강조, 원인과 결과 등 그 역할에 따라 7가지로 나뉩니다. 그에 따른 연결어들을 살펴보고 예문을 들어 보겠습니다.

1. 부연(**adding** connectives are used to add further information): at the same time, equally important, finally, first, further, furthermore, in addition, additionally, moreover, what is more, in the first place, last, next, second

EX1 모든 금속은 열과 전기의 전도체다. **또한** 부러지지 않고 구부릴 수 있다.

All metals are good conductors of heat and electricity. **Moreover**, they can be bent without breaking.

EX2 의지가 확고**하면서** 공감대를 형성하도록 해야 한다.

You should be firm, but **at the same time** you should try to be sympathetic.

2. 비교(**comparing** connectives are used to compare two different ideas with each other to show that they are similar): also, in the same way, likewise, similarly

EX1 선행을 행할 힘도, 악을 이겨 낼 힘**도 없는 사람이 있다**.

Some people have little power to do good, and have **likewise** little strength to resist evil.

EX2 이제 휴대폰으로 이메일을 사무실 밖에서도 확인할 수 있다. 미결제된 서류들도 **휴대폰으로** 처리할 수 있다.

Now you can check your e-mails by using your mobile phone while you are away from the office. You can deal with outstanding documents **in the same way**.

3. 대조(**contrasting** connectives are used to compare two different ideas with each other to show that they are different): although, and yet, but at the same time, despite, even so, even though, for all that, whereas, however, in contrast, in spite of, nevertheless, notwithstanding, on the contrary, on the other hand, regardless, still, though, yet, on the flip side, alternatively(=alternately)

EX1 그는 걸어간 **반면** 그녀는 차로 거기로 갔다.

He went there by foot, **whereas** she went there by car.

EX2 운전해서 갈 수 있다. **또는** 비행기를 타고 갈 수도 있다.

We could drive all the way. **Alternatively**, we could fly.

4. 예시(**illustrating** connectives are used when we want to give an example of something): after all, an illustration of, for example, for instance, indeed, in fact, it is true, specifically, that is, truly, in practice

EX1 쉬운 것처럼 들리지만 **사실은** 어려운 일입니다.

That sounds rather simple, but **in fact** it is very different.

EX2 그가 어리기는 **한데** 현명한 사람이다.

Indeed he is young but he is wise.

5. 순서(**sequencing** connectives are used to show logical sequence of your ideas or chronological order): after a while, afterward, as long as, at last, at length, at that time, before, earlier, formerly,

immediately, in the meantime, in the past, lately, later, meanwhile, now, presently, shortly, simultaneously, since, so far, soon, subsequently, then, thereafter, until, ultimately, eventually

EX1 그 뒤에 새로운 지침이 모든 직원에게 배부되었다.

Subsequently new guidelines were issued to all employees.

EX2 결국 그가 기회를 잡았다.

Eventually he got a chance.

6. 강조(**emphasizing** connectives are used to highlight your ideas): above all, especially, indeed, in particular, notably, significantly

EX1 이와 뼈를 튼튼히 하려면 **특히** 칼슘이 중요한 무기질이다.

Calcium is an important mineral **especially** if you want to strengthen your teeth and bones.

EX2 그런 언급은 정부백서에 **분명히** 빠져 있습니다.

Such a statement is **notably** absent from the government's proposals.

7. 원인과 결과(**cause and effect** connectives are used to explain why something happens): accordingly, as a result, because, consequently, for this purpose, hence, otherwise, since, then, therefore, thereupon, thus, to this end, with this object, to wrap this up

EX1 그 소년이 버스를 놓쳤다. **그래서** 학교에 지각했다.

The boy missed his bus. **Consequently** he was late for school.

EX2 코트 단추를 채워라. **그러지 않으면** 감기 걸린다.

Button up your overcoat. **Otherwise** you'll catch a cold.

10. 우리말의 긍정은 영어의 부정으로, 우리말의 부정은 영어의 긍정으로

1. 긍정문을 영어에서 부정문으로 번역하기

긍정의 우리말 문장을 영어로도 긍정으로 번역하면 부족한 느낌이 들 때가 있습니다. 예를 들어 "서로 만난 지 한참 됐다."라는 말에는 '오랫동안 만나지 못했다'는 부정의 의미가 들어 있습니다. 그래서 이 말을 번역할 때 원문 그대로 It's been a long time since we met.라고 해서는 부족함이 느껴집니다. '긍정문을 영어에서 부정문으로 번역하기'는 이런 경우에 필요한 번역 방법입니다. 즉 We haven't met for a while.이라는 부정문으로 번역하면 숨은 의미까지 전달할 수 있습니다.

Ex 1. 삼성은 전자기기 개발에서 **독보적인** 위치를 차지하고 있다.

[직역] Samsung is **outstanding** in developing electronic devices.

[설명] "독보적인 위치"를 "아무도 넘볼 수 없는"의 부정문으로 번역합니다. 그러면 원문의 의미가 더 강조됩니다.

[번역] Samsung stands **unchallenged(=undaunted)** in developing electronic devices.

Ex 2. 브레인스토밍을 하면 **아이디어가 계속 샘솟는다.**

직역 Ideas **well up** in a brainstorming session.

설명 "아이디어가 계속 샘솟는다"를 강조하기 위해 "아이디어가 부족할 틈이 없다"는 부정문으로 번역합니다.

번역 Ideas **are rarely in short supply** in a brainstorming session.

Ex 3. 그는 자신이 회사를 운영해야 한다는 것을 **공공연히 했다.**

직역 He **made it public** that he'd like to manage the company.

설명 "공공연히 했다"를 make it public으로 번역하면 부족함이 느껴집니다. "공공연히 한다"는 말은 "알리는 것" 뿐만 아니라 "노골적으로 표현"한다는 의미까지 포함합니다. 그러므로 긍정문을 부정문으로 바꾸어 그 의미를 강조할 수 있습니다.

번역 He **made no secret of the fact** that he'd like to manage the company.

Ex 4. 연금 개혁은 진즉에 **했었어야 했다.**

직역 Revamp in pension **should have been** undergone.

설명 "했었어야 했다"는 거의 should have been을 써서 번역할 것입니다. "진즉에 했었어야 했다"에는 '이미 했어야 했다', '때늦은 감이 있다'는 의미가 들어 있습니다.

번역 Revamp in pension **is overdue.**

Ex 5. 한국은 라면 소비 **1위국이다.**

［직역］ Korea **ranks first** in consuming ramen.

［설명］ "한국은 ~ 1위국이다"에서 라면이 '한국보다 더 인기 있는 곳은 없다' 는 의미를 강조하기 위해 긍정문을 부정문으로 번역할 수 있습니다.

［번역］ **Nowhere is** ramen **more popular than in Korea**.

2. 부정문을 영어에서 긍정문으로 번역하기

우리말에는 부정의 의미가 있는 동사나 부사 등을 활용한 동사 표현이 많습니다. 예를 들면 "졸지 마!"의 영어 표현은 "Wake up!"입니다. 이처럼 부정의 의미를 가진 우리말을 영어로 번역할 때는 부정의 의미가 있는 not이나 never 를 사용하지 않고 그 뜻을 더 명확하게 전달할 수 있는 경우가 많습니다.

그러니 우리말 문장에서 서술어가 부정형일 경우 한영 번역을 할 때 그대로 부정형으로 할지, 긍정형으로 바꾸는 것이 좋을지 원문의 의미를 잘 헤아려 보는 것이 좋습니다. 특히 '~밖에 없다(=~만 있다)', '~하지 않을 수 없다(=~해야 한다)', '~하지 않으면 안 된다(=반드시 ~해야 한다)' 등의 이중부정 표현에 유의해야 합니다. 이러한 형태를 띤 서술어는 영어로 번역할 때 긍정형으로 옮겨지는 경우가 많습니다.

Ex 1. 그 일은 남의 일이 **아닐지도 모른다**.

［직역］ It **may not be only** another's affair.

［설명］ "남의 일이 아닐지도 모른다"는 문장에 함축된 의미는 '내게도 일어날 수 있다'입니다. 그러므로 한글 표현 그대로 옮기지 말고 함축된 의미를 살려 긍정문으로 번역해 봅시다.

［번역］ It **may happen** to us **as well**.

Ex 2. 그는 **일밖에 모른다.**

[직역] He **knows only about his work**.

[설명] "일밖에 모른다"는 '(죽어라) 일만 한다'는 의미입니다. 그런 의미의 긍정문으로 번역해 봅시다.

[번역] He **is totally devoted to his job**.

Ex 3. 예상과는 다르게, 전자책 사업은 기대했던 것**보다는 안됐다.**

[직역] Unexpectedly, e-book business **was a failure rather than** expected.

[설명] "(기대했던 것)보다는 안됐다"의 의미는 '(기대했던 것)보다는 덜 성공했다'입니다.

[번역] Surprisingly, e-book businesses **were less successful than** expected.

Ex 4. 기후 변화가 **쉽게 사라지진 않을 것이다.**

[직역] Climate change **will not disappear easily**.

[설명] "쉽게 사라지진 않을 것이다"는 '오래 계속될 것이다'라는 의미의 강조입니다.

[번역] Climate change **will persist**.

Ex 5. 이상 기후로 대피**가 불가피했다.**

[직역] It **was inevitable to** evacuate due to extreme weather.

[설명] "~가 불가피하다"는 '~하게 하다'로 번역할 수 있습니다.

📘 Extreme weather **led up to** evacuation.

Ex 6. 선생님은 나에게 칭찬을 **아끼지 않으셨다.**

📗 My teacher **didn't spare** her praise.

📙 "(칭찬을) 아끼지 않으셨다"는 '(칭찬을) 많이 했다'는 의미입니다.

📘 My teacher **lavished** praise on me.

Ex 7. 그의 인기는 식을 줄 **모른다.**

📗 His popularity **is never** cooling down.

📙 우리말은 한 단어가 문맥에 따라 여러 의미를 가지기도 합니다. 대표적인 것이 "시원하다"입니다. 사람들은 흔히 뜨거운 음식을 먹어도 시원하다 하고 찬 빙수를 먹어도 시원하다 합니다. 그러니 "시원하다"를 영어로 옮길 때는, 먼저 그 의미를 생각해 보고 나서 문맥에 맞는 표현을 찾아야 할 것입니다. 마찬가지로 위의 문장에서도 "식을 줄 모른다"에 해당하는 영어 표현을 찾는 것이 아니라 '(인기가) 식을 줄 모른다.'는 문맥에 해당하는 영어 표현을 생각해야 합니다. 부정문을 긍정문으로 번역하는 방법을 이용해 "여전히 인기가 있다"로 번역할 수 있습니다.

📘 He is **still** popular.

Ex 8. 단 음식을 **너무 많이 먹지 않는 것**이 좋다.

📗 It's good **not to eat** sweet food **too much.**

📙 영어식 표현을 생각해 내는 방법 중 하나가 부정문을 긍정문으로 바꾸어 생각해 보는 것입니다. "너무 많이 먹지 않는 것"을 반대로 생각하면 어떻게

먹으라는 것일까요? '적당히 먹으라' 입니다.

[번역] Sweet food **should be consumed moderately(= in moderation).**

그러면 이제 문제를 풀어 보며 연습을 해 볼까요?

---

① 현재의 재정 위기가 결코 양극화와 무관한 문제는 아니라고 할 수 없다.

② GM코리아가 한국에서 철수하지 않는 이유는 무엇인가요?

③ 학교 교과서가 70년대 모델을 벗어나지 못하고 있다.

---

① 현재의 재정 위기가 결코 양극화와 **무관한 문제는 아니라고 할 수 없다.**

[직역] The current financial crisis **is not a problem which is not related with** social disparity.

[설명] 많은 이들이 우리말 문장을 영어로 옮길 때 모든 단어를 일대일로 대응시켜 번역하려 합니다. 예컨대 "~와 무관한 문제는 아니다"의 "문제"까지도 그대로 번역합니다. 하지만 영어식으로 번역하기 위해서는 단어를 모두 영어로 옮겨서는 안 되는 경우가 많습니다.

우리말 문장의 단어를 하나하나 짚어 가면서 번역할 필요성이 있는지 먼저 따져 봅시다. 그러면 꼭 번역해야 하는 단어와 번역할 필요가 없는 단어가 보일 겁니다.

위의 문장에서는 '현재의 재정 위기 / 양극화 / 무관하지 않다고 할 수 없다 (=관계있다)' 라는 핵심어를 찾아 재배열할 수 있습니다. 서술어 부분을 긍정형 '관계있다' 로 바꿀 수도 있습니다. 즉 글자 하나하나를 따라가면서 번역하는 것이 아니라 **전체 의미를 번역**하는 것입니다.

🔲번역 The current financial crisis **helped engender** social disparity.

② GM코리아가 한국에서 **철수하지 않는** 이유는 무엇인가요?

🔲직역 What is the reason GM Korea **didn't withdraw** from Korea?

🔲설명 위의 '직역'과 아래 '번역'을 비교해 보면 의미는 같지만 아래 번역이 훨씬 간결한 것을 알 수 있습니다. 그렇게 번역할 수 있었던 것은 부정문을 긍정문으로 바꿨기 때문입니다. "철수하지 않는"은 "아직 머무르고 있는"으로 번역했습니다.

🔲번역 Why does GM Korea **still stay** in Korea?

③ 학교 교과서가 70년대 모델을 **벗어나지 못하고 있다.**

🔲직역 School textbooks don't escape from the design of 1970s.

🔲설명 "70년대 모델을 벗어나지 못하고 있다"는 '아직도 70년대식이다' 라는 의미입니다. 그 의미대로 한영 번역을 하면 됩니다.

🔲번역 School textbooks **are still modelled** on the design of 1970s.

이제 문단을 번역해 봅시다.

공식 발표문에서, 현대는 "남한 부동산의 몰수는 현대와 투자기업의 재산권 문제를 넘어 10년 이상 추진해 온 남북 경협 사업과 남북관계 전반의 퇴보를 초래하는 문제"라며 "조속한 관광 재개를 통해 더 이상의 상황 악화로 **이어지지 않기를 바란다.**"고 말했다.

[설명] "~더 이상의 상황 악화로 이어지지 않기를 바란다"를 직역하면 want it not to be connected to further worsening situation입니다. 이와는 다르게 번역하고 싶다면 동사 선택이 중요합니다. "이어지지 않기를 바란다"를 not이나 never를 쓰지 않고 동사 하나로 표현할 수 있는 방법을 생각해 봅시다. "이어지지 않기를 바란다"는 '피하고(avoid) 싶다' 는 의미입니다.

[번역] In a formal statement, Hyundai stated that the confiscation of South Korean assets was not just an issue of the property rights of Hyundai and its investor companies, but involved turning away from more than ten years of progress in the South−North economic and political relationship. It further stated that in order to **avoid** any further worsening of the situation it wished to resume tourist operations as quickly as possible.

1. 어휘부터 시작하는 어학 공부

그랜드캐니언에 갔을 때 일입니다. 그랜드캐니언 상공을 헬리콥터를 타고 둘러보기로 했는데, 탑승 직전에 조종사가 읽어 보고 서명하라며 7장쯤 되는 서류를 건네주었습니다. 헬리콥터는 저쪽에서 굉음을 내고 있고, 이쪽에서는 별일 아니라는 듯 어서 읽어 보고 서명하라고 합니다. 혹시 있을 사고 등을 대비해 사전에 주의 사항을 알려 두어야 나중에 재판에 걸려도 유리하기 때문입니다. 이런 경우, 주의 사항 메모는 어떻게 읽어야 할까요? 무엇보다도 시간이 없으니, 그야말로 뭐에 관한 내용인지 단어만 쭉 봐야 합니다.

모든 외국어 학습에서 기본 중의 기본은 어휘 암기입니다. 어휘를 많이 알고 있으면 갑자기 외국인과 대화를 해야 하는 경우는 물론 빠르게 자료를 읽어 내야 하는 상황에서 훨씬 덜 당황스러울 겁니다.
외국어를 마스터하려면 어휘 암기는 필수입니다. 누구나 다 알고 있는 사실입니다. 그러나 좀체 마무리를 짓지 않습니다. 이유는 '단어가 너무 많기' 때문입니다. 영어를 공부하는 사람은 많아도 잘하는 사람이 많지 않은 이유도 여기에 있습니다. "단어를 꽤 외웠으니 이제 독해가 좀 되겠지." 하고 지문을 보면 첫 줄부터 모르는 단어가 눈에 들어옵니다. 그와 함께 자신감이 뚝 떨어집니다.

제가 어학 공부를 할 때 이용한, 새롭지는 않겠지만 그래도 익숙한 학습 방법을 알려 드리겠습니다. 단어를 몇 개 외우고 독해를 시작할 것이 아니라 자신이 정한 어휘책 한 권을 처음부터 끝까지 통째로 다 외울 때까지 독해를 하지 않는 겁니다.

여기 아주 간단한 진리의 말씀이 있습니다. "성공하는 사람은 남들이 밀어 놓은 일을 마무리하는 습관이 있다." 마음을 굳게 먹고 어휘책 한 권을 끝까지 완벽하게 마스터해 봅시다.

제가 지금도 이용하는 어휘 학습 방법을 알려 드리겠습니다.

우선 단어책과 단어 및 예문이 들어 있는 음성 파일을 준비하는 겁니다. 요즘은 웹상에 1. 99달러만 지불해도 단어, 숙어, 관용 표현 등을 예문과 함께 읽어 주는 프로그램이 다양하게 존재합니다. 마음에 드는 것을 하나 구입해서 1일 단어 20개 암기를 목표로, 아침에 음성 파일을 들으며 단어의 발음과 뜻을 확인하고 이후 이동을 할 때나 자투리 시간이 날 때마다 계속 듣습니다. 귀가 후에는 철자와 함께 뜻, 발음을 확인합니다. 이때 단어를 모두 외우지 못했더라도 다음 날은 새로운 단어들을 암기합니다. 이렇게 전 과정을 1번 끝내고 나서 3번 정도 더 반복하면 기사나 지문에 나오는 단어를 다는 몰라도 전반적인 의미를 파악할 수 있을 정도가 됩니다.

그런데 이렇게 3개월을 꾸준히 하는 사람이 많지 않습니다. 영어 공부에 많은 시간을 들이지만 가장 기본적인 어휘에서 무너지면 "밑 빠진 독에 물 붓기"가 될 수 있습니다.

덧붙여, 영어 단어를 외우는 데는 순간 집중력이 필요합니다. 아침에 공부하려고 펴놓은 페이지가 점심을 먹은 후에도 그대로인가요? 이럴 때는 숨쉬기

게임을 권해 드립니다. 분량을 정해 놓고 숨을 멈춘 상태에서 그 분량을 다 공부하고 나서 다시 숨을 쉬는 겁니다. 물론 정해진 분량을 다 읽기도 전에 숨이 절로 쉬어지는 경우도 있지만 콧등에 진땀이 나면서 집중력이 확 생깁니다.

자, 그러면 이제 어학 학습에 대해 본격적으로 알아봅시다.

어학 공부는 읽기, 듣기, 쓰기, 말하기 등 4가지 영역으로 이루어져 있습니다. 보통 외국어 공부를 할 때 이 4가지 영역을 한꺼번에 시작하지만, 어휘 공부를 하고 나서 읽기 공부를 하는 것이 좋습니다.

외국어 듣기는 '글을 음성 파일의 속도만큼 빨리 읽을 수 있나' 가 관건입니다. 청취할 내용이 3분 30초 분량이라면 3분 30초 안에 의미 파악이 되어야 듣기가 가능하기 때문입니다. 그러므로 3분 30초 분량의 청취 자료(리스닝 스크립트)를 중간에 무슨 뜻인지 몰라 허둥대는 일 없이 3분 30초 안에 다 읽게 되면 그때 듣기 공부를 시작하는 것이 좋습니다. 아무리 여러 번 청취 자료를 들어도 자신이 모르는 단어나 숙어는 들리지 않기 때문에 그전에 단어를 외우고 지문 읽는 속도를 청취물의 시간에 맞출 때까지 어휘 암기와 리딩에 집중하는 것이 좋습니다.

그와 동시에 영문 자료를 읽을 때는 항상 거기에 나오는 좋은 영문의 구조와 표현을 공부하고 정리해서 암기합니다. 읽고 이해하는 데서 한발 더 나아가 widespread proliferation of Internet(인터넷이 널리 확산되자)이라는 문장을 보고 그 문장이 '절' 인지 아닌지, 어떤 구조와 표현으로 쓰여 있는지, 주어는 무엇인지, 동사는 무엇인지 등을 살펴보는 겁니다.

이러한 학습법은 영어 이외의 다른 외국어 학습에도 유용합니다. 저는 이러한 방법으로 일본어 공부를 했습니다.

어휘책 한 권과 그에 딸린 음성 파일을 가지고 위와 같은 방법으로 3번 정도 반복 학습했고, 이후 문법책을 보았습니다. 문법책의 예문 해석이 금방 되었습니다. 초급, 중급, 고급 문법서를 금방 뗐습니다. 독해는 아직 많이 모자라서 완전한 해석은 안 됐지만 전체적으로 무슨 뜻인지는 알 수 있었습니다. 저는 이런 방법으로 집중 공부하여 3개월 후에 JLPT 1급에 합격했습니다. 다만, 일본어 공부를 독학할 당시 저는 일본에 머무르고 있었습니다.

이후 일본어 실력을 유지하기 위해 어학 전문 출판사의 '모닝 레터'를 신청했습니다. 회화 자료, 읽기물 자료 등 다양한 어학 콘텐츠를 이메일로, 심지어 무료로 보내 줍니다. 영어와 일어를 신청해 놓고, 매일 아침 이메일을 열어 놓고 모닝 레터를 읽으며 하루를 시작합니다.

얼마 전부터는 일본어 공부 때와 똑같은 방법으로 스페인어 공부를 하고 있습니다.

2. 독해를 잘하는 법

독해를 잘하려면 읽기 자료를 읽을 때 몇 가지 점에 주의해야 합니다.

1. 제목에 주목한다

보통 저자는 제목을 중심으로 글을 전개시켜 자신이 하고자 하는 말을 끌어냅니다. 예를 들어 지문의 제목이 Virtual Classrooms versus physical classrooms, 즉 '인터넷 교육 대 기존 교육' 이라면, 두 교육 시스템을 놓고 어떤 공방전이 펼쳐질까 상상하면서 읽는 겁니다.

2. 각 문장의 핵심어를 체크해 가면서 읽는다

아무 생각 없이 읽기 자료를 읽으면 누군가 "내용이 뭐예요?"라고 물었을 때 뭐부터, 어디서부터 이야기해야 할지 막막할 수 있습니다. 영문 자료를 읽기 전, 마음속으로 읽고 나서 이렇게 요약해야겠다는 생각을 합니다. 자료를 읽을 때는 각 문장의 핵심어에 밑줄을 그어 가면서 읽습니다. 그러면 문장이 좀 길거나 분량이 많아도 머릿속에 전체적인 개요가 잡히고 내용이 간략하게 들어옵니다.

각 문장의 핵심어를 체크하는 습관은 번역을 할 때도 매우 유용합니다. 예문을 하나 살펴볼까요?

ex. Scientists are **predicting** dramatic **rises in temperatures** around the world and this could have a **negative impact on the animal kingdom.**

위 영문에서 핵심어들을 연결해서 내용을 정리하면 '기온 증가가 예측되면서 동물이 위험하다' 가 됩니다.

3. 다음에 나올 내용을 미리 예상하면서 읽는다

'인터넷 교육' 에 대한 글을 읽고 있고 있다고 가정해 봅시다. 첫 문장이 "인터넷 교육 방식이 학생들의 수업 참여에 많은 영향을 주었다." 입니다. 그럼 이 다음에는 어떤 내용이 올까요? 아마도 인터넷 교육이 학생들에게 어떤 영향을 주었는지 구체적으로 제시될 것입니다.

다음에 나올 내용을 미리 예상하면서 읽으면 영문 자료라 할지라도 덜 지루하게 알 수 있을 뿐 아니라 글의 전체적인 흐름을 읽을 수 있기 때문에 내용이 쉽게 이해됩니다.

ex. **All human interaction**, whether **interpersonal, group, or societal** takes place within the boundaries of **the society** and may be expressed **in a variety of forms**.

이 지문을 읽으면 그 다음에 '인간관계를 대인관계, 집단, 사회의 세 가지의 관점에서 설명하고 거기에 따른 여러 가지 형태를 소개' 하는 내용이 올 것이라고 추측할 수 있습니다.

4. 읽은 내용에 자신의 생각을 보태지 않는다
글을 읽을 때는 객관적인 자세를 유지해야 합니다. 나의 느낌이 중요한 것이 아니라 저자의 생각을 알아내는 것이 글을 읽는 목적일 때가 많기 때문입니다. 사람은 원래 주관적인 성향이 강하므로, 스스로 주의하지 않으면 글에 자신의 주관적인 생각을 보태어 내용을 잘못 이해하거나 주제를 잘못 뽑을 수 있습니다.

ex. Scientific funding goes mainly to areas with many problems.
위 문장의 의미는 '과학에 필요한 돈줄이 주로 문제가 산적한 분야로 가고 있다' 입니다. 말 그대로 문제가 많은 곳에 재정 지원을 한다는 것입니다. 하지만 사람에 따라 '아, 돈이 부족하니까 골라서 문제가 많은 곳에 돈을 준다는 거구나.' 하고 자신의 생각을 덧붙여 잘못 이해할 수 있습니다.

5. 글을 다 읽은 후, 제목과 전체적인 내용을 연결해서 생각한다

글을 끝까지 다 읽은 후에는 그 글의 제목과 내용과 전체적인 흐름을 생각해 봅니다. 만약 논설문이라면 제목과 관련해 '지지를 하는 입장' 인지, '반대를 하는 입장' 인지 아니면 '중립적인 입장' 인지 생각해 봅니다. 그러면 글이 목적하는 바와 주장과 근거 등을 정확히 파악할 수 있습니다.

ex. Electronic Library

…(중략)… She noted that it took twenty years for society to adapt to the typewriter, but once adopted, it became. indispensable for business, and is the foundation of the modern computer keyboard

'타자기가 자리 잡기까지 20년이 걸렸지만 이후 절대적인 필수품이 되었다' 는 본문 내용을 제목인 '전자 도서관' 과 연결시키면, 전자 도서관이 자리 잡기까지는 오랜 시간이 걸리겠지만 미래에 꼭 필요한 시설이 될 거라는 주장을 피력하고 있다는 것을 알 수 있습니다.

3. 영문 에세이를 잘 쓰는 방법

글의 서두가 독자로 하여금 '더 읽어 보고 싶다.' 라거나 '끝까지 다 읽고 싶다.' 라고 생각하게 만드는 것은 매우 중요합니다. 또 그런 글은 잘 쓴 글일 경우가 많습니다.

서두를 흥미롭게 잘 쓰려면 It is often said that이나 Some people say~

로는 눈길을 끌 수 없습니다. 자신의 상식에 의지해서 주제에 관한 사건이나 기사를 쓰는 것도 좋은 방법입니다. 예를 들어 주제가 '교육'에 관한 것이라면 교육계에 생긴 구체적인 일로 시작합니다.

영문 에세이는 서문 1문단, 본문 3문단, 결론 1문단의 총 5문단으로 이루어집니다. 한 문단은 보통 7~8행으로 구성되며 전체는 35 내지 40행으로 되어 있습니다. 이것은 임의로 정한 것이 아니고, '적어도 이 정도 분량은 되어야 주어진 주제에 관한 글이 말하고자 하는 바를 알 수 있다'는 연구 결과에 따른 것입니다. 그러므로 이 형식은 지키는 것이 좋습니다.

그럼, 각 문단의 특징을 살펴보겠습니다.

먼저, 서문인 첫 문단에서는 **넓은 범위의 묘사에서 점점 좁혀 오는 묘사**를 합니다. 다음에 제시되는 영문 에세이는 '교육이 공교육, 사교육, 자가 교육으로 이루어져 있다'는 일반적인 내용으로 시작합니다. 그 후 자신의 입장을 밝힙니다. 첫 문단에서 지켜져야 할 가장 중요한 점은, 마지막 문장이 주제에 관해 자신의 주장을 밝히는 **thesis statement**가 되도록 해야 한다는 것입니다. 즉 주제에 관한 자신의 입장이 찬성인지, 반대인지 그리고 그 이유는 무엇인지 간략하고 명확하게 밝혀야 합니다.

둘째, 셋째, 넷째 문단은 첫 번째 문단의 thesis statement에서 밝힌 자신의 입장을 구체적으로 서술하는 곳입니다. 구성은 첫 줄에 자신의 결론을 밝힌 후, 그에 대한 이유와 예시 그리고 자신의 입장을 첫 줄과 **다른 표현**으로 기술합니다. 아래에 제시된 에세이는 '자가 교육에 찬성하는 입장'이기 때문에 찬성하는 이유를 밝히고 나서 그 근거를 대고, 적절한 예시 및 자신의 입장을 다시 정리합니다. 이때 예시는 자세하고 구체적일수록 좋습니다.

마지막 문단은 서문과 반대로 **주제에 대한 자신의 입장을 먼저 밝히고 앞에서 언급한 이유를 다른 표현으로 쓰고 전반적인 입장으로 마무리**를 합니다. 즉 I predict~(~일 것 같다)라든가 I recommend~(~를 권합니다) 정도로 마무리합니다.

Homeschooling vs. Public School: Which is more beneficial?
By Kaitlyn_Deann, M, TX

There are three popular ways to gain an education: public school, private school, and home school. Out of all three, public school is the most popular. It has many opportunities that are important to most teenagers like being social with peers, extracurricular activities, and chances to get out of the house. (교육에 관한 전반적인 내용 기술) But is public school the only way to have all of these wonderful opportunities? Of all three, homeschooling is the best option for gaining education. (thesis statement) It not only gives a more flexible schedule (찬성 이유 1) and provides opportunities to grow closer as a family, (찬성 이유 2) it also can have the same advantages that students in the public school system like: social interaction (찬성 이유 3) if you join a homeschool group with other homeschoolers. (thesis statement) When you're homeschooled, your schedule will be able to work with your day (결론 1) (and your family's), not anyone else's. You can wake up when it best suits you, if that's at four in the morning or noon, it doesn't matter. (이유 1) If you do better at doing school in the evening than in the morning, go ahead. It's your schedule! Everyone works at their own pace and does their best in different environments and times. If you want to get ahead in school, do it. If you want to take a week off, go right ahead. No one is stopping you from scheduling school the way you want to. You can pick up where you left off after you get back from vacation or a wedding or a funeral or whatever! Be mindful, though, that education is still a necessity in life, so be responsible in your flexibility and don't take it for granted. (자세한 예시와 자신의 입장 정리 1)

Not only does homeschooling provide a flexible schedule, but it also gives opportunities for your family to grow closer together. (결론 2) The extra time spent a thome can result in the family interacting with one an other more frequently than if you were in public school. (이유 2) That means more conversations at the dinner table(three meals a day), and sometimes you and your siblings can share subjects, no matter the age differences. History, for example, can be fun when you participate together, so can Spanish and even P.E. (자세하고 구체적인 예시 2) A close family is important in anybody's life and public school takes away those opportunities to be together. (자신의 입장 정리 2)

Being home schooled has more opportunities than most people realize. (결론 3) There are homeschool groups all over that offer extra curricular activities, social interaction, and opportunities to get out of the house. (이유 3) In my home school group there are over seventy homeschool families that we interact with constantly, at what we call Report Day, and also at Harlingen Homeschool Academy(HHA), where you can take classes together of your choice. We even have boy basketball and cheerleading, and many other activities. (예시 3) So homeschooling also can give what most teenagers want the most: interaction with others, extracurricular activities, and chances to get out of the house. (자신의 입장 정리 3)

Homeschooling not only has a flexible schedule and provides opportunities for your family to grow closer together, but it also allows most teenagers to interact with others. (자신의 결론) You have to look at homeschooling as an opportunity, not a chore, because even though it may seem to be tedious at times, it is worth all the advantages in the end. I predict that homeschooling will merit more attention in the future. (미래에 대한 전망)

그 외 중요한 요소는 다양한 어휘와 다양한 문장 구조입니다. 먼저 어휘는 고급 어휘로 시작해서 쉬운 어휘로 끝을 맺습니다.

ex 1. Educators are spending **phenomenal amounts of** time and energy to move a course from a physical setting to a virtual one, thus spending **more** to produce quality.

설명. "많은 시간과 에너지를 쓴다"에서 "많은"이 phenomenal amounts of 를 먼저 묘사하고, 그 다음에는 more라는 표현을 쓰고 있습니다.

ex 2. It will require **fundamental modifications** if universities are to meet the needs of its students. Online education will only be successful if institutions make some **basic changes**.

설명. "근본적으로 바뀌어야 한다"는 표현을 처음에는 fundamental modifications로, 그 다음에는 basic chagnes로 쓰고 있습니다.

또한 문장 형태가 모든 문장이 사람을 주어로 하거나 관계대명사절을 갖거나 하면 지루합니다.

일부러 다양한 문장 형태를 만들도록 합니다. **무생물 주어, 도치, 부사, 전치사 혹은 분사**로 문장을 시작하는 방법이 있습니다.

1. 무생물 주어로 시작하기

ex 1. 의사당에는 정적만이 감돌았다.

직역. There was silence in the assembly.

설명. 무생물 주어인 silence를 주어로 하고 어떤 동사가 있어야 하는지 생각해 보거나 찾아봅니다.

수정역. Silence ruled in the assembly.

ex 2. 시간을 잘 이용하면 그 일을 끝낼 수 있을 것이다.

직역. If you use time well, you will get the work done.

설명. 우리말의 조건이나 이유 등의 부사구는 영어의 무생물 주어 구조로 바꿀 수 있습니다.

수정역. The wise use of time will allow you to complete the work.

2. 도치하기

ex. 환영을 받을 것이라고는 생각했지만 이렇게 큰 환대를 받으리라고는 생각 못했다.

직역. I had expected warm welcome, but I had not anticipated such a great hospitality.

설명. 문장 구조에 변화를 주기 위해 목적어를 문장 앞으로 도치합니다.

수정역. Warm welcome I had expected, but I had not anticipated such a great hospitality.

3. 부사로 시작하기

ex 1. 이런 단순한 진리를 외면한다는 사실이 안타깝다.

직역. It is unfortunate that we ignore the simple truth.

설명. 우리말의 동사 부분이 영어 구조에서는 부사로 처리되는 경우가 많습니다.

수정역. Unfortunately, we ignore the simple truth.

ex 2. 그는 기뻐하며 눈물을 흘렸다.

직역. He was delighted and shed tears.

설명. 한글의 마지막 동사 부분은 영어로 부사 처리를 합니다.

수정역. He was tearfully delighted.

ex 3. 부모님이 나에게 후원을 아끼지 않으신다.

직역. My parents spare no support for me.

설명. 한글의 동사 부분을 부사로 전환합니다.

수정역. My parents blindly support me.

4. 전치사로 시작하기

ex 1. 창에서 나오는 불빛뿐 거리는 어두웠다.

직역. We could see the lights that came from the window and the streets were dark.

설명. 전치사 혹은 전치사구를 이용해 문장 구조에 변화를 줍니다.

수정역. Except the lights that came from the window, the streets were dark.

ex 2. 아들이 성공할 것이라는 생각에 그는 행복했다.

직역. He was happy because he thought that his son would be successful.

설명. '~라는 생각에'를 전치사로 대신합니다.

수정역. In the hope of his son's success, he was happy.

5. 분사로 시작하기

ex 1. 실패에도 좌절하지 않고 그는 끝내 성공했다.

직역. He was undeterred by the failure and finally succeeded.

설명. 같은 주어인 경우는 생략하는 분사구문을 이용해 문장에 변화를 줍니다.

수정역. Undeterred by the failure, he eventually achieved his success.

6. 문장의 연결성을 돋보이게 하기
-앞의 문장에 쓴 단어를 변형합니다.

ex 1. Human beings **harm** the environment → Their **harmful** behavior left animal's habitat irrevocable.

ex 2. A millionaire **contributed** to imporving poverty-stricken areas. He decided to be a **contributor** to society.

ex 3. Last month, the Transportation Security Administration **allowed** passengers to carry sports equipment on planes. Naturally, flight attendants who are likely to be vulnerable with this **allowance** have been strongly fighting this policy.

03

우리말을 영어로
명확하게 번역하려면
표현 편

번역을 하다 보면 직역을 해도 괜찮은 경우가 있고, 함축된 의미가 있어 직역을 하면 안 되는 경우가 있습니다. 예를 들면 "국수 언제 먹여 줄 거니?"를 When will you marry?로 번역해야지, 우리말 그대로 When will you buy me noodle?이라고 하면 의사소통이 전혀 안 되겠지요.

언젠가 한번은 번역사들끼리 모여 식사를 하던 중에 여행지에서 본, 잘못 번역된 음식 이름에 대해 이야기를 나눈 적이 있습니다.

"글쎄, 내가 외국인 관광객들이 많이 온다는 ○○음식점에 갔는데, '육회' 밑에 Six times라고 쓰여 있지 뭐예요?"

"저도 그런 거 본 적 있어요. '이동갈비'를 Moving ribs라고 번역해 놓은…."

물론 잘못 번역된 음식 이름은 이게 다가 아닙니다. '할머니 뼈다귀탕'을 Grandmother's bone stew로, '소머리 국밥'을 Ox head rice soup로, '선짓국'을 Cow blood soup로 적은 메뉴판도 보았습니다. 사실 이런 예는 직역이라 보기도 어렵지만, 여하튼 우리말 단어 하나하나를 영어로 잘못 옮긴 대표적인 사례입니다.

또 다른 예로 2014년에 대학에 들어가면 우리말로는 '14학번' 이라고 하지만, 영어를 국어로 사용하는 이들은 class of 2018이라고 합니다. 즉 졸업 연도를 기준으로 이야기합니다. 졸업식 축사 때 우리말로 '2018년도 졸업생 여러분' 이라 하면 영어로는 graduates of 2018가 아니라 class of 2018이라고 해야 합니다.

이런 예는 무수히 많습니다. "라면의 과도한 섭취는 질병 위험률을 높이므로 라면을 너무 많이 먹지 않도록 유의한다." 라는 문장을 영어로 번역한다고 생각해 봅시다. 이 문장에서 "너무 많이 먹지 않도록 유의한다"를 We should not eat too much Ramen.으로 옮기고 끝내기에는 마음이 뭔가 찜찜합니다.

이럴 때 생각해야 할 것이 '라면을 어떻게 먹으라고 하는 것인지?' 입니다. 즉 문장의 속뜻을 헤아리는 것입니다. 라면을 "너무 많이 먹지 않도록"을 뒤집어 생각하면 '적당히 먹으라' 는 뜻입니다. 그 의미에 맞추어 영어식 표현으로 옮기면 좋은 번역을 할 수 있을 겁니다. 그렇게 한 번 더 생각하면 Because excessive consumption of Ramen is linked to increased risk of diseases, it should be consumed in moderation.으로 번역할 수 있습니다.

예를 하나 더 들어 보겠습니다. "셰익스피어는 문학사에 한 획을 그은 인물이다." 라는 문장을 영어로 번역할 때 가장 문제가 되는 부분은 "한 획을 그은" 이 될 것입니다. 누구나 이를 영어로 one stroke와 같이 번역해서는 안 된다는 것을 알 겁니다.

그럼, 영어식 표현을 어떻게 찾아야 할까요? 우리말의 **표현**이 아닌 **의미**를 찾아 번역해야 합니다. 위의 문장에서 "한 획을 그은"은 '셰익스피어는 문학사에 있어 남과 차별화된 인물이다' 란 의미입니다. 그 의미를 살려 번역하면 Shakespeare **distinguished himself from** his counterparts in the literary world.로 번역될 수 있습니다.

얼마 전 프란치스코 교황이 한국을 방문했습니다. 교황은 세월호 특별법 제정을 촉구하며 한 달 넘게 단식 투쟁 중인 분을 위로했습니다. 그 장면이 미국 NBC에서 방송되었는데, 단식 중인 분이 "딸이 억울하게 죽었습니다. 아버지로서 그 죽음을 밝히는 것이 책임이라고 생각합니다."라고 하였습니다.

미국 방송이니 영어로 통역을 해야 하는데, 이 가운데 "딸이 억울하게 죽었다"는 어떻게 통역해야 할까요? "억울하게"를 찾아보면 under a false accusation이라는 표현이 나옵니다. 그런데 이 상황에는 적절하지 않는 표현입니다. 그래서 NBC 뉴스에 나온 통역사는 이 문장 안에서 "억울한"을 문맥을 고려하여 I don't know why my daughter died.라고 했습니다.

이와 같이 우리말 표현을 그대로 영어로 번역하면 안 되는 경우가 많기 때문에 한영 번역이 어려울 것 같지만, 그런 표현을 잘 정리해 암기하면 차츰 문제가 해결되는 것이 실감도 나고 재미있는 작업이 됩니다. 그런 표현을 정리할 수 있는 사이트와 정리 방법을 소개합니다.

1. 국문과 영문을 비교하며 영어 표현 학습하기

소설 『엄마를 부탁해』를 영어로 옮긴 김지영 번역가는 "번역은 애초부터 영어로 쓰인 글처럼 읽혀야 한다."는 점을 누누이 강조했습니다. 그에 따르면 미국인들은 번역서 읽기를 즐기지 않아 전체 출간 도서 가운데 문학 번역서는 1퍼센트에 불과하다고 합니다. 더구나 한국어의 구조와 한국의 문학 전통 그리고 문화는 미국인들에게 이질적이고 낯섭니다. 그러니 독서 경험을 방해할 만한 장벽을 허물어서 새로운 독자들이 한국 문학을 즐길 수 있게 하는 것이 중요합니다.

그는 또 "번역가란 작가와 소설 작품의 대변인이 되는 것"이라고 단언하면서, "물 흐르는 듯한 번역의 매끄러움은 원작이 돋보일 수 있는 발판을 제공하는 데 아주 중요"하기 때문에 이를 위해 가끔 문장 구조를 바꾸기도 한다고 했습니다. "긴 문장을 쪼개야 글이 매끄러워진다면 문장을 쪼갭니다. 왜냐하면 영어권 독자들은 짧은 문장을 선호하기 때문에 영어로 된 문단이 너무 길면 의미와 예술성을 그대로 살리는 한도 내에서 미국인의 기준에 맞게 본문을 정돈할 필요성이 있습니다."라고도 했습니다.

저 역시 한영 번역 강의를 할 때면 "한국어의 구조를 버리고 영어 구조와 표현으로 번역해야 한다."고 강조하는데, 왜 군이 그렇게 해야 하느냐는 질문을 종종 받습니다. 그럴 때면 번역가 김지영의 말처럼 "한영 번역은 원어민을 위해 하는 것이고, 원어민이 낯설게 느끼지 않아야 하기 때문"이라고 답하곤 합니다.

원어민에게 낯설지 않은, 원어민을 위한 번역을 하려면 평소 한국어 구조와 표현 그리고 그에 대응되는 영어식 구조와 표현을 비교, 정리, 암기하는 공부가 필요합니다. 그와 동시에 우리말 문장을 분석해서 영어로 번역할 때 불필요한 부분은 삭제하고 조사도 무시하고 문장의 핵심어만을 재배열하여 리라이팅하는(rewriting) 훈련이 필요합니다.

본격적인 한영 번역 공부에 앞서 한국문학번역원, 코리아 리얼타임, 동아일보 등에 공개된 짧은 영어 지문을 가지고 영어 표현을 학습해 보겠습니다.

먼저 한국문학번역원은 정부 지원으로 한국 문학을 영어 및 기타 외국어로 번역하는 사업을 하고 있고 매년 한국문학번역 신인상 수상작을 결정합니다. 그리고 수상자는 정부의 지원을 받아 다른 한국 문학 작품을 번역할 수 있습니다. 한국문학번역원 사이트에 접속해 '번역 출간 도서 데이터베이스 (KLTI DB)'를 클릭하면 그간 번역된 한국 소설의 영문판이 보입니다. 문학번역에 관심이 많다면 이곳에서 다양한 소설의 국문판과 영문판을 비교 학습하면 좋을 것입니다.

여기서는 양귀자 작가의 『원미동 사람들』의 국문판, 영문판을 비교해 살펴보겠습니다.

국문판)

원미동 사람들 (멀고 아름다운 동네)

들어올 때 **그랬던 것처럼**, 폭이 좁은 **문을 빠져나오는** 사이, 장롱의 옆구리가 또 동전만큼 뜯겨나가고 말았다. 농의 한쪽을 부여잡고 **그 무게로 숨이 턱에 닿고 있던** 그는 새로 생긴 **흠집을 자세히 들여다볼** 수는 없었다.

상앗빛으로 드러난 나무의 속살과 거친 나뭇결의 성난 부스러기가 **옛 상처보다 한결 선명하게 도드라졌을 것**이란 짐작만 할 뿐이었다. 그만그만한 **생채기는 열 자짜리 장롱**의 앞과 뒤에 이미 **여러 개 있었다**. 하는 수 없는 일이었다. 처음의 안타까움만 빼고 나면 생채기는 머지않아 세월의 또 다른 무늬로 **자리 잡을** 것이다.

(www.klti.or.kr)

영문판)

A distant and beautiful place

As they **squeezed** the wardrobe **out** the narrow door, a fragment size of a coin chipped off the side. **The same thing had happened** when they moved in. **Gasping under the weight of** <u>his end, Unhye's father</u> had no time to **examine this** new **blemish**.

He could only imagine the inner layers of wood gleaming like ivory and the angry scab that would **eclipse the older scars** on the rough surface. The **ten-foot-long wardrobe was** already **scratched in several places**. It couldn't be helped. After the initial annoyance passed, the scratch would **establish itself** as yet another mark of time.

(www.klti.or.kr)

주요 표현)

−(폭이 좁은 문)을 빠져나오다: squeeze ~ out

−그랬던 것처럼: the same thing had happened

−~의 무게로 숨이 턱에 닿고 있던: gasping under the weight of

−흠집을 자세히 들여다보다: examine this blemish

−(옛 상처보다) 한결 선명하게 도드라졌을 것: eclipse (the older scars)

−열 자짜리 장롱: ten-foot-long wardrobe

−생채기는 여러 개 있었다: be scratched in several places

−자리 잡다: establish itself

관련 설명)

–소설의 원문과 번역을 비교해 보면, 문장 안에서 순서가 바뀌어 있는 것을 알 수 있습니다. 원문에서는 "들어올 때 그랬던 것처럼"이 서두에 나오지만 번역에서는 뒤에 나옵니다. 또 원문은 한 문장이었는데 두 문장으로 나뉘어 번역된 것도 알 수 있습니다. 이 모두가 의미 전달을 위해 영어식 구조에 맞추어 번역하는 방법입니다.

–원문에서는 "그는"이라고 했지만 번역에서는 Unhye's father라고 한 것을 볼 수 있습니다. 같은 명사가 반복될 때 그 명사를 받는 대명사를 사용하는 것이 영어의 특징이기 때문에 이렇게 번역한 것으로 보입니다. 그러나 제 개인적인 의견으로는 이 경우에는 작가가 쓴 원문에 충실하게 번역을 해야 하지 않았을까 하는 의문이 남습니다. 이 또한 번역가의 선택입니다.

–"농의 한쪽을 부여잡고"에서 "부여잡고"와 그 다음에 나오는 "그 무게로 숨이 턱에 닿고 있던"을 원문대로 다 번역하지 말고 그 상황을 전달하는 gasp를 써서 번역했습니다. 이처럼 원문이 번역 과정에서 축소 혹은 생략될 수 있습니다. 덧붙여 이 번역에서 상황을 분명하게 보여 주는 영어 부사가 있으면 더 좋겠습니다. gasp 대신 barely breathing으로 번역하면 어떨까요.

이렇듯 번역을 잘하기 위해서는 영어 소설만 혹은 한국 소설만 읽는 것이 아니라 원서와 번역서를 같이 놓고 비교하는 것이 가장 효과적인 번역 공부 방법이라고 생각합니다.

다음으로 '코리아 리얼타임'을 한번 둘러볼까요? 코리아 리얼타임은 한국어판 《월스트리트 저널》의 한 섹션입니다. 이곳에서 한글 기사를 검색하고 '이 기사의 영어 원문 보기'를 클릭하면 우리말 기사와 영문 기사를 비교 정리해 볼 수 있습니다.

한글 기사)

파리바게트, 26년 만에 **프랑스 '파리' 입성**

한국의 대표 프랜차이즈 빵집인 파리바게트가 2주 전 파리에 **1호점을 냈다.**
포브스가 선정한 **한국 50대 부자 가운데 이름을 올린** 허영인 회장이 창업할
때부터 **꿈꿨던 숙원 사업이다.**

파리바게트가 진짜 '파리'에 **입성하기까지 참으로 기나긴 여정이었다.**

프랑스와는 아무런 관련이 없는 파리바게트의 **모태는** 1945년 황해도 옹진
에 세운 작은 빵집 '상미당'이다. 1988년 허 회장은 **한국인들의 생활 형편이**
점차 나아지고 수입품에 대한 관심이 커지는 상황을 적극 활용하고자 파리
바게트를 설립했다.

그해에 서울은 **하계 올림픽을 유치했다.** 파리에 실제로 가본 **한국인들은 드**
물었지만, 파리바게트는 파리하면 **떠오르는 세련된 이미지를 등에 업었다.**

이후 파리바게트는 **승승장구했다.** 한국에 사는 사람이라면 누구나 **그 사실**
에 동의할 것이다. 파리바게트 매장이 **전국 방방곡곡에 입점하지 않은 곳이**
없을 정도다. 지난해 한국 정부는 **새로운 점포를 낼 수 없게 금했다.**

그래서 10년 전 부터 파리바게트는 베트남과 싱가포르, 중국 등 **해외 시장으**
로 눈길을 돌리기 시작했다. 중국에만 파리바게트 **점포가 125개나 있다.** 미
국에도 37개 점포가 있다. 미국 매장은 캘리포니아와 뉴욕 등 **한인 사회 근**
처에 자리하고 있다.

(http://realtime.wsj.com/korea)

영문 기사)

Selling Bread to the French? Pourquoi Pas, Says Korean Bakery Chain

Two weeks ago, **the ubiquitous South Korean bakery chain opened its first branch** in Paris, **fulfilling a lifelong goal of** businessman Hur Young-in, **one of South Korea's richest men**.

For Paris Baguette, it's **been a long road to** Paris.

The chain, which isn't actually French, **traces its roots back to** a small bakery called Sangmidang, founded in 1945 in what is now North Korea. In 1988, Mr. Hur founded Paris Baguette as a way to **tap into South Koreans' rising wealth and taste for foreign goods**.

That year, Seoul **hosted the summer Olympics**. And while **few Koreans** had visited Paris, the brand **tapped into an image for the perceived sophistication of** the French capital.

Since then, as anyone living in South Korea **can attest**, the chain has **done well**. In fact, Paris Baguette has so **thoroughly infiltrated its home market** that the government last year effectively **banned the company from opening any new outlets**.

So about a decade ago, Paris Baguette **began an overseas expansion plan** that has taken it to Vietnam, Singapore and China, where it **has 125 branches** alone. In the U.S., Paris Baguette has 37 stores, **most of which are clustered around Korean-American communities** in California, New York and elsewhere.

(http://realtime.wsj.com/korea)

주요 표현)

－'파리' 입성: selling Bread to the French

－한국의 대표 프랜차이즈 빵집: the ubiquitous South Korean bakery chain

－1호점을 내다: open its first branch

－부자 가운데 이름을 올린: one of the richest men

－꿈꿨던 숙원 사업이다: fulfill a lifelong goal of

－~에 입성하기까지 참으로 긴 여정이다: be a long road to

－모태는 ~이다: trace its roots back to~

－적극 활용하다: tap into

－한국인들의 생활 형편이 점차 나아지고 수입품에 대한 관심이 커지는 상황: South Koreans' rising wealth and taste for foreign goods

－하계 올림픽을 유치하다: host the summer Olympics

－한국인은 드물다: few Koreans

－떠오르는 세련된 이미지: an image for the perceived sophistication of

－등에 업었다: tap into ('적극 활용하다' 의 의미)

－승승장구하다: do well

－그 사실에 동의하다: can attest

－전국 방방곡곡에 입점하지 않은 곳이 없다: thoroughly infiltrate its

home market

-새로운 점포를 낼 수 없게 하다: ban the company from opening any new outlets

-해외 시장으로 눈길을 돌리기 시작하다: begin an overseas expansion plan

-점포가 125개: has 125 branches

-한인 사회 근처에 자리하고 있다: most of which are clustered around Korean-American communities

《동아일보》의 한국 기사를 영문으로 번역해 놓은 사이트가 있습니다. 먼저 관심 있는 기사를 클릭하면 영문 기사가 나오고 상단 좌측에 '한글 기사 읽기' 버튼을 누르면 해당 한글 기사를 볼 수 있습니다.

🔍 번역가와 번역사

번역하는 사람을 흔히 '번역가' 혹은 '번역사' 라고 부릅니다. 그런데 출판업계에서는 '번역사' 보다는 '번역가' 가 더 익숙한 것 같습니다. 제가 모 출판사 편집자와 대화 중에 '번역사' 라고 했더니, 왜 그렇게 부르냐고 물었던 일이 생각납니다. 그때 저는 이렇게 대답했지요. "제가 있는 세계(?)에서는 '번역사' 라고 부릅니다. 아무래도 기술 번역을 많이 하기 때문에 그렇게 부르는 것 같습니다."

여기에 최근 든 생각을 더하자면, 문학 번역을 하는 분은 '화가', '예술가' 처럼 '번역가' 로 칭하는 것이 적절하고, 각 분야의 전문 지식과 정보를 번역하는 분은 '번역사' 로 칭하는 것이 적절할 듯합니다.

한글 기사)

하루 더 쉬는 류현진 3일 컵스전 등판

LA 다저스 돈 매팅리 감독이 류현진(사진)에게 **하루를 더 쉬는 선발로테이션을 택했다.** 매팅리 감독은 7월 31일(한국 시간) 류현진에게 하루 더 휴식을 주겠다고 밝혔다. 이에 따라 류현진(12승 5패 **평균자책점** 3.44)은 3일 오전 10시 10분 **시카고 컵스전에 등판한다.**

류현진은 메이저리그의 기본인 4일 휴식 후 등판보다는 **국내에서처럼 5일 이상의 휴식에 익숙하다.** 정신적으로는 4일 휴식 후 등판에 **적응하려고 애를 쓰고 있다.** 하지만 **몸은 아직 따라 주지 않는다.**

일단 **구속에서** 차이가 난다. **4일 휴식 때는** 직구의 평균 구속이 시속 144km(90마일)로 측정된다. 5일 이상의 휴식 후 등판 때는 149km(92~93 마일)**를 찍는다.** 매팅리 감독은 7월 28일 ESPN**과의 인터뷰**에서 류현진에게는 가급적 휴식을 하루 더 주는 **방법을** 항상 **모색하고 있다**고 말했다. 그러나 올해 류현진의 휴식에 따른 **성적은 큰 차이가 없다.**

2011년 시즌 후 프리에이전트 자격을 얻어 **미국에 진출했으나** 부상 등이 겹쳐 3년 가까이 마이너리그에서 머물다가 7월 9일 **신시내티전에서 데뷔전을 치렀다.** 올해 **3경기에 등판해 1승 1패 평균자책점 3.38을 기록** 중이다.

(English.donga.com)

영문 기사)

Ryu Hyun-jin to pitch against Chicago Cubs on Sunday.

Los Angeles Dodgers Manager Don Mattingly said Thursday (Korea time) **opted to give starter Ryu Hyun-jin an extra day of rest**

in the team's starter rotation. Under the new rotation, Ryu (12 wins and 5 losses with **an earned run average of** 3.44) will be **pitching against the Chicago Cubs** on Sunday.

Ryu is accustomed to **South Korea's five-day rotation**, rather than to the U.S. Major League Baseball's practice of throwing a game after a four-day break. He **strives to get used to** the four-day break system but **his body is still used to the Korean system** of a five-day break.

His **ball speeds are different. After a four-day break,** he **throws fastballs at the speed of** 144 kilometers (90 miles) **per hour,** compared with 149 kilometers (93 miles) per second after five days. **In an interview with** ESPN on Monday, Mattingly said he was **seeking ways to give** Ryu an extra day of break. However, the length of break **has not affected his record.**

He **advanced to the U.S.** after becoming a free agent after the 2011 season, only to remain in the Minor League for nearly three years due to injuries. He **made his** Big League **debut** on July 9 **against the Cincinnati Reds.** This year, he **threw at three games, with one win and one loss and an ERA of 3.38.**

(English.donga.com)

주요 표현)

-하루를 더 쉬는 선발 로테이션을 택하다: opt to give 사람 an extra day of rest in the team's starter rotation

-평균자책점: an earned run average of

-시카고 컵스전에 등판하다: pitch against the Chicago Cubs

-국내의 5일 휴식에 익숙하다: be accustomed to South Korea's five-day rotation

-적응하려고 애쓰다: strive to get used to

-몸은 따라 주지 않는다: his body is still used to the Korean system

-구속에서 차이가 나다: ball speeds are different

-4일 휴식 때는: after a four-day break

-직구의 평균 구속이 시속~: throw fastballs at the speed of~per hour

-~와의 인터뷰에서: in an interview with~

-방법을 항상 모색하다: seek ways to 동사

-성적은 큰 차이가 없다: has not affected his record

-미국에 진출하다: advance to the U.S.

-신시내티전에서 데뷔전을 치르다: make his debut against the Cincinnati Reds

-3경기에 등판하다: throw at three games

-1승1패 평균자책점 3.38을 기록: with one win and one loss and an ERA of 3.38

2. 익숙하지만 조심해야 할 콩글리시

우리는 우리 나름대로 우리말과 영어를 조합해 콩글리시(영어로는 broken

English)를 만들어 쓰곤 합니다. 예전에 수업 중에 consent의 뜻이 뭐냐고 물었더니 한 학생이 전기 코드를 꽂는 콘센트라고 답했던 일이 기억납니다. 우리말 중에는 일본 강점기 때 영어를 일본어로 번역하는 과정에서 일본식 영어 발음이 그대로 단어가 되어 외래어로 안착한 경우가 많습니다. white shirt가 변형되어 생긴 '와이셔츠' 가 그 대표적인 예입니다.

외래어 및 콩글리시를 외국인이 잘 알아들을 수 있는 영어 표현으로 바꾸는 연습을 해 봅시다.

① 스킨십(skinship) → physical contact, physical affection, physical touch

Ex 그는 스킨십을 좋아한다.

−He likes skinship. (☹)

−He is physically affectionate. (☺)

② 비닐봉지(vinyl bag) → a plastic bag

Ex 비닐봉지에 넣어 드릴까요?

−Do you want a vinyl bag? (☹)

−Do you want a plastic bag? (☺)

③ 백미러(back mirror) → rear view mirror

Ex 운전하기 전에 백미러를 확인해야 한다.

−You should check the back mirror before driving your car. (☹)

−You should check the rear view mirror before driving your car. (☺)

④ 모닝커피(morning coffee) → coffee this morning

　　Ex 모닝커피 드셨어요?

　　−Did you have morning coffee? (☹)

　　−Did you have any coffee this morning? (☺)

⑤ 메이커 옷(maker clothes) → brand−name clothes

　　Ex 그녀는 메이커 옷을 좋아해.

　　−She likes maker clothes. (☹)

　　−She likes brand−name clothes. (☺)

⑥ 서비스 맥주(service beer) → beer on the house, free beer

　　Ex 이건 서비스 맥주입니다.

　　−Here is a service beer. (☹)

　　−Here's a free beer. / This beer is on the house. (☺)

⑦ 콘센트(concent) → outlet

　　Ex 제 핸드폰을 충전시킬 콘센트가 있나요?

　　−Is there a concent to recharge my hand phone? (☹)

　　−Is there an outlet to recharge my cell phone? (☺)

🔍 맥주를 서비스로 주는 가게라니, 이런 가게 어디 있나요? 예전에 맥주

가게에서 본 '공짜 맥주는 내일부터'라고 밑줄 쫙 그은 free beer

tomorrow란 팻말이 생각납니다.

⑧ 아이쇼핑(eye shopping) → window shopping

   Ex 오늘 아이쇼핑 하실래요?

   −Do you want to go eye shopping? (☹)

   −Do you want to go window shopping? (☺)

⑨ 타이어 펑크(tire punc) → tire got flat

   Ex 타이어가 펑크 났어요.

   −My tire got punc. (☹)

   −My tire got flat. (☺)

⑩ 원피스(one piece) → dress

   Ex 내 원피스 어때요?

   −How do I look in my one piece? (☹)

   −How do I look in my dress? (☺)

   대부분의 외국어 학습자는 formal language와 informal language 사이에서 어려움을 겪습니다. 우리는 외국어를 formal language, 즉 표준어 공부로 시작합니다. 하지만 표준어만 공부해서는 외국인들이 일상에서 쓰는 말을 알아들을 수 없습니다. CNN 뉴스를 볼 때에도 거리에서 사람들과 인터뷰하는 장면이 나오면 익숙지 않은 표현 때문에 대화 내용을 놓치곤 합니다.

   또 외국 여행을 할 때 거리 곳곳에 있는 안내판이며 팻말 내용을 이해할 수 없는 경우가 종종 있습니다. 가게 앞 팻말에 No Trespassing이라고 쓰여 있어서 사전을 찾아보니 "출입 금지"입니다. 그런데 뭔가 아리송합니다.

"가게 문은 왜 열어 놓은 거지? 아무래도 영업을 하고 있는 것 같은데?" 하면서요.

팻말의 실제 내용은 '길을 돌아가지 않으려고 앞문으로 들어와서 가게를 통과하여 뒷문으로 싹 나가는 사람은 출입 금지' 입니다.

빌딩 현관에서 이런 문구도 볼 수 있습니다. No Solicitation. solicit는 '간청하다' 란 뜻입니다. 그런데 '간청하지 말 것' 이라니…. 이 말의 우리말 표현은 "잡상인 금지" 입니다.

미국 드라마나 영화를 자막 없이도 재미있게 보려면 역시 영어 공부가 필요합니다. 쉬운 단어라도 그 단어가 특정한 분야나 상황에서 쓰일 때는 사전에 쓰여 있는 뜻 외에 다른 뜻으로 쓰이곤 합니다. 예를 들어 shut out은 주로 '차단하다' 란 뜻으로 쓰이지만 상대에게 점수를 허락하지 않는 '완봉' 의 의미로 쓰일 때도 있습니다. 그러니 외국인과의 의사소통을 잘하고 싶다면 또 번역을 잘하고 싶다면 영어 단어, 관용 표현 등을 많이 찾아 외우는 것이 중요하겠지요.

여기서는 잘못된 영어 표현이라 할 수 있는 콩글리시와 그에 대한 바른 영어 표현을 몇 가지 알려 드립니다.

우리말	잘못된 영어 표현 (broken English)	바른 영어 표현 (correct English)
자동차 핸들	handle	steering wheel
리모컨	remocon	remote control
추리닝	training	sweatshirt / tracksuit / jogging suit
모닝콜	morning call	wake-up call
아르바이트	arbeit (독일: 일하다)	part time job
호치키스	hotchikiss	stapler
오토바이	autobi	motorcycle / motorbike

사인(서명)	sign	signature / autograph
골인	goal in	make a goal
포볼(야구)	four ball	base on balls
명함	name card	business card
파이팅(응원)	fighting	go for it / cheer up
비닐하우스	vinyl house	greenhouse
선글라스	sunglass	goggles / sunglasses
에어컨	aircon	air conditioner
애프터서비스	A/S	warrantee service
원샷	one shot	bottom up / slam it
서클 / 동아리	circle	club
와이셔츠	Y-shirt	dress shirt
폴라셔츠	polar shirt	turtle neck
롤러스케이트	roller skate	inline skate
데드볼(야구)	dead ball	hit by pitch ball
스탠드(전등)	stand	desk lamp
샐러리맨	salary man	official worker
런닝머신	running machine	treadmill
콘도	condo	resort hotel
드라이버(연장)	driver	screwdriver
(남녀) 미팅	meeting	blind date
선탠크림	suntan cream	sunblock cream / sunscreen cream
커닝(부정행위)	cunning	cheating
다이어리	diary	appointment book / day planner
프리사이즈	free size	one size fits all
힙	hip	bottom / buttocks
펜션	pension	lodge
드라마	drama	soap opera
노트북	notebook	laptop computer
다이어트	diet (식단)	lose weight
등 번호	back number	(uniform) number
원룸	one room	studio
바바리코트	babari coat	trench coat

셀카	selca	selfie
포켓볼	pocket ball	pool
탤런트	talent	TV star / TV entertainer
믹서	mixer	blender
그룹사운드	group sound	music band
발라드	ballad (영웅 이야기)	slow song
오픈카	open car	convertible
본드	bond	glue
개그	gagman	comedian

3. 기억해야 할 영어 표현

번역이란, 앞에서도 여러 번 이야기했듯 우리말을 그대로 영어로 옮기는 것이 아니라 그 '의미'를 영어식으로 표현하는 것입니다. 그리고 번역을 잘하기 위해서는 영어 구조를 익히는 것은 물론이고 다양한 영어 표현을 정리하고 암기해야 합니다. 그런 학습법을 익힐 수 있는 샘플 표현을 제시합니다. 한글과 영문을 보면서 달라진 구조와 표현을 비교해 보십시오. 그리고 자신의 공부로 표현을 추가하십시오.

1| 경제 위기를 타개할 **방법을 모색해**야 한다.

We need to **develop ways** to tackle economic meltdown.

2| 그 사건이 **어떻게** 일어났는지 **알아보고자 한다.**

We will **determine how** the accident arose.

3| 한국에 중요한 **변화가 있었다.**

Korea has **undergone** substantial change.

4| 정부는 엄격한 법적 **제도를 마련했다.**

The government **adopted** strict legal **frameworks**.

5| 그는 적임자가 되기 위한 모든 **기준을 충족시켰다.**

He **met** all the **criteria** for the right person.

6| 더 **많은 논의가 있어야 한다.**

Wider debate needs to **be stimulated**.

7| 소비자들은 그 회사에 대한 **불매운동을 벌였다.**

Consumers **launched boycott** against the company.

8| 미국은 이집트의 **상황을 (잘) 알지 못하고 있다.**

The US **doesn't have an (accurate) picture** of Egypt.

9| 인터넷으로 **더 싸게 살 수 있는지** 알아봅시다.

Let's find out whether we can **have a better deal** for the product online.

10| 지진이 충분히 **일어날 만한** 곳이다.

Conditions **are ripe for** earthquakes.

11| 우리는 북한에 대해 **잘 알고 있다.**

We **gain insight** about North Korea. / We **keep up with** North Korea.

12| **저비용 고효율 정책**을 펼쳐야 한다.

We should implement a **cost−effective policy**.

13| 대미 수출을 **늘려야** 한다.

We are in need of **driving the push** for exports to the U.S.

14| 그는 **한국계 미국인**이다. / 그는 **인도계 미국인**이다.

He is **a Korean American**. / He is **an Indian American**.

15 | **많은 양의** 태양에너지가 있습니다.

A healthy dose of solar energy is provided.

16 | 그녀에 **대한 근황이 전해졌습니다.**

We **have some news about** her.

17 | 연휴 쇼핑 시즌**에 맞춰** 신제품 출시가 있을 예정입니다.

Just in time for holiday shopping season, new products will be
released.

18 | 축제 준비가 **한창입니다.**

Preparation for the festival **is in full swing.**

19 | 그는 사업을 **간신히 유지하고 있습니다.**

He **is keeping** his business **afloat.**

20 | **2등**은 누구일까요?

Who is the **runner-up?**

21 | 통행금지가 **내려졌다.**

Curfew **is in effect.**

22 | 구글 안경은 **도수가 다 다릅니다.**

Google glasses **have a different prescription.**

23 | 보험 혜택을 받기 위해서는 **보험에 들고 매달 보험금을 내야 합니다.**

You **should buy your policy and pay premium** to benefit
from the health care.

24 | 새로운 지도자를 뽑는다는 흥분 때문에 협박을 당할 수도 있다는 두려
움이 **무색해졌다.**

The excitement over choosing a new leader **eclipsed** the fear of threat.

25 | **투표율이** 너무 높아서 몇몇 **투표소**에서는 **투표용지가** 바닥이 날 정도였습니다.

The turnout was so high that some **polling centers** ran out of **ballots**.

26 | 대학입시정책이 **전면 개정되었습니다.**

The policy on entrance to colleges **underwent sweeping reform**.

27 | 이 일을 **완성시킨 사람은** Mr. Kim입니다.

Mr. Kim **is credited with** this accomplishment.

28 | **응급 구조원들**은 자신의 목숨을 걸고 구조하는 **숨은 영웅**들입니다.

First respondents are **unsung heroes** who run the risk of their lives to rescue victims.

29 | **졸음운전**과 **운전 중 문자 발송**은 자동차 사고의 주요 원인입니다.

Drowsy driving and **text message behind a wheel** are major causes of automobile accidents.

30 | 나는 맥주 **마니아다.**

I **have a craving for** beer.

31 | 그는 자신에게 유리하게 **규칙을 바꾼다.**

He tends to **bend the rules** in his favor.

32 | **아무나 사용**하지 않도록 문을 꼭 닫아 주세요.

Close the door to prevent **unauthorized use**.

33 | **정품**을 사용합시다.

Use **an authorized item**.

34| 13세 아이의 이야기가 **인터넷에서 화제다.**

The 13-year-old girl's story **went viral online**.

35| 회비는 50불 **이상이다.**

You should pay dues **upwards of** 50$.

36| 소셜 네트워크 서비스를 이용한 선거운동은 **장점과 단점이 있습니다.**

SNS campaigns **have a double-edged effect**.

37| 그의 걱정은 **기우**로 드러났다.

His worries turned out to be **unfounded**.

38| 길게 줄선 것을 보면 **아시겠지만**, 아이폰 6을 당장 구입하는 것은 어려울 거다.

If theses long lines are any **indication**, getting your hands on iPHone6 right away will be difficult.

39| 주택이 **공급 과잉** 상태이다.

Housing industry suffers from **supply glut**.

40| 테러로부터 안전한 세상을 만드는 **묘책**은 없다.

No **silver bullet** can make the world safe from terrorism.

1. 알아 두면 좋은 대조 표현

번역할 때 서로 대조되는 표현을 바로 바로 쓸 수 있다면 번역하는 시간과 부담을 훨씬 줄일 수 있습니다. 빙산의 일각이긴 하지만 몇 가지 소개합니다.

① 발전과 퇴보(development / regression)

ex. 성차를 강조하면 발전이 아니라 퇴보가 온다.

번역. The focus on gender difference emphasizes regression not development.

② 타결과 결렬(resolution=settlement / breakdown=suspension)

ex. 세계경제회담이 결렬되어 조속한 타결이 이루어지지 않을 경우 세계경제는 위기 국면에 처하게 될 것이다.

번역. Breakdown(suspension) of global economic talks will threaten the global economy unless early resolution(settlement) is made.

③ 관계 역학과 권력 역학(rapport dynamic / power dynamic)

ex. 사업가들과 좋은 관계를 만들어야 빨리 힘을 키울 수 있다.

번역. Building a good rapport dynamic with business partners is a short cut to enhance power dynamic.

④ 선택과 필수(choice / imperative)

ex. 협동은 선택이 아니라 필수이다.

번역. Cooperation is not a matter of choice but an imperative.

⑤ 연비가 낮은 차와 연비가 높은 차(a gas-guzzler / a high mileage car)

ex. 기름 값이 인상되고 있는 지금, 차를 고를 때 연비가 낮은 차인지 높은 차인지를 꼭 확인해야 한다.

번역. In times of rising fuel price, make sure that the car you decide to buy is a gas guzzler or a high mileage car.

⑥ 당근과 채찍(carrot and stick / reinforcement and punishment)

ex. 사람들이 세상사를 배우고 적응하기 위해서는 보상과 처벌이 필요할 수 있다.

번역. For people to learn and adapt in the world, both reinforcement and punishment may be necessary.

⑦ 자원 부국과 자원 빈국(a resource-rich country / a resource-poor country)

ex. 자원 부국과 자원 빈국의 부의 격차가 커지고 있다.

번역. There is a growing inequality in wealth between resource-rich countries and resource-poor countries.

⑧ 〔정보화〕의 순기능과 역기능(upside / downside of 〔the digital age〕)

ex. 정보화의 순기능과 역기능을 모두 고려해야 한다.

번역. We should consider the upside and downside of the digital age.

⑨ 장점과 단점(bright side / dark side)

ex. 이 방법은 번역을 할 때 자신의 장점은 살리고 단점은 보강하게 한다.

번역. This method helps us to reinforce our bright sides and overcome dark sides in translation.

⑩ 상향식 방법과 하향식 방법(bottom-up approach / top-down approach)

ex. 상향식 방법이 효과적일 때도 있고 하향식 방법이 효과적일 때도 있다.

번역. A top-down approach sometimes works while a bottom-up approach does likewise.

⑪ 성적 장학금과 학생 지원 장학금(merit-based scholarship / need-based scholarship)

ex. 성적이 좋은 학생은 성적 장학금을 신청하고 집안 환경이 어려운 학생은 학생 지원 장학금을 신청할 수 있습니다.

번역. Students who have a higher GPA are eligible for a merit-based scholarship while those who have financial difficulties can apply for a need-based scholarship.

⑫ 성과급제와 연공서열제(performance-based system / seniority-based system)

ex. 그 회사는 연공서열제에서 성과급제로 바꿨습니다.

번역. The company has replaced a seniority-based system with a performance-based system.

⑬ 고성능 제품과 저성능 제품 또는 고가품과 저가품(high end / low end)

ex. 이동통신 사업이 고가품과 저가품에서 다 고전하고 있다.

번역. The mobile business lagged in both the high-end and low-end models.

2. 우리말은 같지만 영어에서는 다른 표현

우리말의 "잘"에 해당하는 영어 표현은 well 하나가 아닙니다. 쓰이는 상황에 따라 영어 표현이 다릅니다. 예를 들어 "그 게시판을 잘 걸어라."가 '잘 보이는 곳에 걸어라'는 의미일 때는 prominently를 사용해 번역하지만, '단단히 걸라'는 의미일 때는 tightly를 사용해 번역합니다. 그에 따라 Hang the bulletin board prominently [tightly].로 번역됩니다.
우리말의 "잘"이 영어로 번역될 때 문맥에 따라 다른 영어 부사를 사용하는 예를 몇 가지 살펴봅시다.

① 그는 일을 잘한다.

He works **efficiently**.

② 그녀는 말을 잘한다.

　　She talks **eloquently**.

③ 그는 남의 말을 잘 들어 준다.

　　He listens to others **attentively**.

④ 그녀는 잘 늙었다.

　　She aged **gracefully**.

⑤ 그는 이웃들과 잘 지낸다.

　　He lives with neighbours **harmoniously**.

⑥ 그는 바이올린을 잘 연주한다.

　　He plays the violin **masterfully**.

⑦ 손을 잘 씻어라.

　　Wash your hands **meticulously / diligently**.

⑧ 이 치마는 잘 구겨진다.

　　The skirt wrinkles **easily**.

⑨ 그는 우리 집에 잘 온다.

　　He comes to my house **frequently**.

⑩ 이 사진을 잘 봐라.

　　Look at these photos **carefully**.

이 외에도 영어 회화 시 자주 나오는 good, bad, very와 important등을 대신할 표현을 영어 지문을 읽을 때 찾아 정리하고 암기합시다.

ex 1. 그 책은 **좋은** 평가를 받았다.

번역. The book received **good** review.

설명. good 대신 다른 단어를 찾아봅니다.

번역. The book was given **favorable** review.

cf. good을 대신할 수 있는 표현으로 다음과 같은 것이 있습니다.

- 연구 결과가 아주 좋다.

  Research findings are **exciting(=phenomenal / breathtaking / promising / bright / upbeat)**.

- 그는 좋은 충고를 해 주었다.

  He gave me **serviceable** advice.

- 하룻밤 머물기에 좋은 곳이다.

  This is a **suitable** place to stay overnight.

- 일도 좋지만 건강도 챙기세요.

  Your job is **crucial**, but you should mind your health as well.

- 언제가 좋으세요?

  When is it **convenient** time for you?

- 좋은 영화네요.

  That's an **awesome** movie.

- 좋은 경치네요.

  That's a **breathtaking** view.

- 좋은 증거입니다.

  It's **compelling** evidence.

- 좋은 설명입니다.

  Your explanation was **convincing**.

ex 2. 사회에 **안 좋은** 소문이 가득하다.

번역. The society is full of **bad** rumors.

설명. bad 대신 사용할 수 있는 다른 표현을 찾습니다.

번역. The society is rife with **ominous**(=**bleak** / **dicy** / **gloomy** / **dire**) rumors.

cf. bad를 대신할 수 있는 표현으로 다음과 같은 것이 있습니다.

- 연구 결과가 좋지 않다.

  Research findings are **disappointing (=disturbing / disastrous)**.

- 그 정책은 좋지 않은 결과를 낳았다.

  The policy came to a **malevolent** conclusion.

- 소수의 사례를 가지고 좋지 않은 결론을 내다.

  He drew on **misleading** conclusions from a handful of cases.

- 한국은 성장세가 좋지 않다.

  Korea is experiencing **stagnating**(=**staggering** / **slowing** / **sluggish**) growth.

- 양극화 현상은 자본주의의 좋지 않은(어두운) 면 중 하나이다.

  Inequality is one of **down sides** of capitalism

ex 3. 그 여자는 **매우** 아름답습니다.

번역. She is **very** beautiful.

설명. very 대신 다른 표현을 사용합니다.

번역. She is **strikingly** beautiful.

cf. very를 대신할 수 있는 표현으로 다음과 같은 것이 있습니다.

- 그 아이는 정말 귀엽다.

  The baby is **incredibly** cute.

- 그 선수는 정말 빠르다.

  The player is **deceptively** fast.

- 그는 정말 친절한 사람이다.

  He is **uncommonly** kind.

- 잔디가 정말 말랐다.

  The grass is **critically** dry.

- 한국은 실업률이 정말 높다.

  Korea is experiencing **stubbornly** high unemployment.

- 정말 미안해.

  I am **terribly** sorry.

- 딸이 취직되니 정말 기쁘다.

  I am **extremely** happy about my daughter's being hired.

- 장마라 정말 습기가 많다.

  In times of monsoon, the air is **exceedingly** humid.

- 그 여자는 정말 행복하다.

  She is **blissfully** happy.

- 우리는 정말 다르다.

  We are **fundamentally** different.

ex 4. 이들 사이에는 **중요한** 차이점이 있다.

번역. There is an **important** difference in these factors.

설명. important를 대신할 단어를 생각해 봅니다.

번역. These factors involve a **meaningful** difference.

cf. important를 대신할 수 있는 다른 표현

• 경비가 적게 든다는 것이 **중요한** 이유다.

The **prime** reason necessitates lower expenses.

prime(중요한)을 대신할 수 있는 단어로는 overarching / crucial / integral / critical / necessary / considerable / significant / substantial / meaningful / vital / striking 등이 있습니다.

3. 오역하기 쉬운 관용 표현

한영 번역 수업을 하다 보면 학생들이 틀리게 사용하는 표현들이 종종 있습니다. 그 가운데 일부를 정리해 보았습니다.

① 달성하기 쉬운 목표: a low-hanging fruit

ex. 존, 너는 목표를 너무 낮게 잡은 것 같아.

번역. John, your plan looks like a low-hanging fruit.

② (나쁜 습관을) 단번에 끊다: go cold turkey, 금단현상: withdrawal symptoms

ex. 습관을 단번에 끊은 것은 아주 잘했어. 하지만 금단현상을 이겨 내기는 어려울 거야.

번역. I am glad you knocked the habit to go cold turkey; it will be hard for you to resist withdrawal symptoms.

③ 익숙한 이름: be a household name

ex. 김연아 선수는 누구나 다 알고 있다.

번역. Yeon-A Kim is a household name.

④ 아슬아슬하게: at the eleventh hour

ex. 비행기를 아슬아슬하게 탔다.

번역. I caught the plane at the eleventh hour.

⑤ 위험한 상황에 처해 있다: hang in the balance / compromise

여기서 hang in the balance는 '저울에 매달려 있다' 는 의미로, 자칫 '균형을 잡고 있다' 로 오역하기 쉬운 표현입니다. compromise 역시 '타협하다' 는 뜻도 있지만 '~를 위험에 빠뜨리다' 는 뜻도 갖고 있습니다.

ex. 그의 정치 생명이 위기에 처해 있다.

번역. His political career is hanging in the balance. / His political career is compromised.

⑥ 진흙 속의 다이아몬드: diamond in the rough

ex. 너는 진흙 속에 가려진 진주야. 언젠가 특별한 사람이 될 거야.

번역. You are a diamond in the rough. Someday, you will be an exceptional person.

⑦ 유동인구: foot traffic

'유동인구'는 우리가 자주 쓰는 말로 우리에게는 익숙하지만 막상 해당되는 영어 표현을 떠올리기는 난감한 단어입니다. 그러니 영문에서 볼 때 꼭 외워 두세요. Save it for a rainy day!

ex. 이곳은 유동인구가 많아 장사가 잘된다.

번역. This area has so much foot traffic that shops around here are doing thriving business.

⑧ 밀린 서류: outstanding documents

outstanding은 '현저한, 눈에 띄는' 외에 '미결된, 밀린'의 뜻도 있습니다.

ex. 요즘에는 밀린 서류를 휴대폰으로 결재할 수 있다.

번역. These days, outstanding documents are approved through your cell phone.

⑨ 이의를 제기하다 / 화가 나다: take exception to

ex. 당신이 내게 말하기 전 내 아내에게 말했다는 것이 화가 나요.

번역. I take great exception to the fact that you told my wife before you told me.

⑩ 강력한 우승 후보: heavy favorite

ex. 그녀는 노벨 평화상을 받을 강력한 후보다.

번역. She is a heavy favorite to win the Novel Peace Prize.

Section

2

한영 번역
강의

Korean
English
Translations

⤬

　한영 번역을 어렵게 느끼는 것은, 우리말 문장에 대응되는 영어 표현과 구조에 대한 공부가 제대로 되어 있지 않기 때문입니다.

　다시 한 번 말하자면, 한영 번역의 목적은 우리나라 사람이 아닌 원어민과의 소통을 위한 것입니다. 지금부터는 원어민을 위한 영어식 영문을 쓰기 위해 다양한 장르의 글을 가지고 한영 번역을 연습해 보겠습니다.

　한영 번역 강의와 학습은 다음과 같은 순서로 진행합니다.

　우선 한영 번역을 시작하기에 앞서 같은 주제의 **영어 지문을 읽고** 한영 번역에 필요한 **영어 구조와 표현을 정리**하겠습니다. 요리를 하기 전에 재료를 구입하여 손질하는 것과 같습니다.

　이 방법은 제가 공부를 하던 중 여러 시행착오를 겪으며 가장 효과적이라고 확신하게 된 학습법입니다. 대학 졸업 후 매주 시사 주간지를 읽었고 영어 학습서도 여러 권 봤습니다. 그런데도 통역대학원에 입학하고 첫 한영 번역 시간에 '그렇게 많은 영어 글을 읽었는데…, 내가 지금까지 뭘 한 거지?' 하는 생각으로 머리가 멍해지는 경험을 했습니다. 교수님이 한영 번역을 해 보라며 우리말 텍스트를 주셨는데, 막상 영어로 옮기려니 쓸만한 어휘가 생각나지 않았던 것입니다.

　그 시간 이후로, 저는 영문을 읽을 때 **영어 고유의 표현을 외우고 영어 문장의 구조를 외우는 데** 힘을 쏟았습니다. 처음에는 별로 도움이 안 되는 듯했지만, 시간이 흐르면서 우리말 문장의 구조와 표현을 따라가지 않고 영어의 구조와 표현으로 생각할 수 있게 되었습니다. 때때로 영어의 구조와 표현이 단번에 떠오르지 않을 때는 **우리말 문장을 그대로 직역한 다음 직역한 영어 문장을 다시 영어식으로 바꾸면** 훨씬 수월하게 번역할 수 있다는 것도 그때 알았습니다.

한영 번역을 잘하기 위해서는 글자만 영어로 바꾸는 것이 아니라 글의 구조와 표현을 모두 영어식으로 바꾸어야 합니다.

영어식 구조에 대해 예를 들어 설명해 보겠습니다. "기후 변화 현상으로 해수면이 상승한다."라는 문장을 우리말 구조 그대로 The sea level is rising due to climate change.라고 직역하면 틀린 것은 아니지만 영어식으로 번역한 것이 아니어서 번역을 잘한다는 평가를 받기 어렵습니다.

한영 번역을 잘하기 위해서는, 겉으로 보이는 글자가 아니라 우리말 텍스트를 한 겹 벗겨 볼 줄 아는 '매의 눈'이 필요합니다. 문장의 핵심어를 골라내어 영어 구조로 재배치해야 하기 때문입니다. 핵심어인 '기후 변화 현상 / 해수면 / 상승', 이 세 단어의 관계를 따져 다시 영어식으로 재배열하면 '기후 변화 현상이 / 상승시킨다 / 해수면을' 이라는 문장 구조가 나오고, 그에 맞는 적절한 영어 표현을 찾으면 Climate change is raising the sea level.로 번역이 됩니다.

영어 표현에 대한 예도 하나 들어 보겠습니다. 다음 문장은 직역으로 번역했다가 의뢰인으로부터 클레임을 받고 재번역한 실례입니다.

원문 이번 회의를 통하여 전 세계 인류가 **원자력에 대한 공포로부터 벗어나는 데** 한 걸음 더 나아가는 계기가 되기를 바랍니다.

첫번역 It is my earnest desire that this conference will bring us closer to a world **free of the fear of** nuclear power.

재번역 I hope that this conference will bring us much closer to the day when the word "nuclear power" will **lose its devastating power**.

위의 두 번역을 비교해 보면 가장 차이가 나는 부분이 "원자력에 대한 공포로부터 벗어나는 데" 입니다. "공포로부터 벗어나는 데"를 free of the fear of ~로 번역한 것에 만족하지 않고 '파괴력을 잃다' 의 뜻이 있는 lose its devastating power로 리라이팅해서(rewriting) 최종 승인을 받았습니다.

한영 번역을 잘한다는 것은, 우리말 구조와 표현을 뛰어넘어 **영어식 구조와 표현으로 번역**하는 것입니다. 저도 한영 번역을 할 때는 우리말의 순서대로 번역하는 것이 아니라 문맥의 의미를 꼼꼼히 파악한 후 영어 구조에 맞게 적절한 표현을 찾아 번역합니다.

"오바마 행정부 관계자들은 푸틴 대통령의 새로운 제재가 미국에는 사소한 것이라고 일축했습니다."라는 문장을 함께 번역해 봅시다.

이 문장을 번역할 때 염두에 두어야 하는 것은 다음과 같습니다.

첫째, 주어를 정한다: 주어는 "오바마 행정부 관계자들"
둘째, 동사를 정한다: 동사는 "일축하다"
셋째, 동사 다음에 올 목적어를 문장 안에서 찾는다: 목적어는 "푸틴 대통령의 새로운 제재"

주어와 동사는 비교적 쉽게 정할 수 있습니다. 그런데 영어식 구조를 만들기 위해 우리말 문장에서 살펴야 할 것은 조사 '~을/를' 이 붙어 있는 단어만이 아닙니다. 눈을 위아래, 좌우로 움직이면서 무엇을 일축한다는 것인지 목적어를 우리말 조사와 관계없이 찾아야 합니다. 문맥상 '푸틴 대통령의 새로운 제재' 를 일축하는 것이므로 이것이 "일축하다" 의 목적어가 됩니다.

따라서 이 문장의 한영 번역 결과는 다음과 같습니다.

Obama administration officials dismissed Putin's new sanctions as trivial to the U.S.

자, 그러면 이제부터 장르별 한영 번역 강의를 시작하겠습니다.

01 기사

1. 병행 지문

병행 지문(parallel text) 학습은 한영 번역을 하기 전 관련 영어 지문을 보면서 배경지식을 쌓고 번역에 필요한 영어 구조와 표현을 익히는 워밍업 단계입니다.

한영 번역 실력을 높일 수 있는 효과적인 병행 지문(parallel text) 선택 및 활용법은 다음과 같습니다.

먼저, 번역할 원문과 비슷한 내용의 영어 지문을 찾습니다. 예를 들어 유네스코 기관의 연설문을 번역하기 위해서는 먼저 유네스코 홈페이지에 들어가서 '문서 저장(archives)'을 클릭해서 번역하려는 내용과 비슷한 문서를 찾아 읽고 구조와 표현을 정리합니다.

새로운 사업을 시작하기 전에 관련 사업이나 업계를 벤치마킹하는 것과 같습니다. 연설문을 어떤 구조로 썼는지, 문장의 구조와 표현은 어떤지, 많이 쓰이는 어휘는 어떤 것이 있는지 등을 살펴보고 잘 익혀 두면 나중에 유사한 글을 번역할 때 큰 도움이 됩니다.

다음으로, 영한 번역은 한국어 병행 지문을, 한영 번역은 영어 병행 지문 위주로 자료를 찾아 읽습니다. 영한 번역은 한국어 지문을 많이 읽는 것이, 한영 번역은 영어 지문을 많이 읽는 것이 번역의 질을 좌우하기 때문입니다. 그런데 한영 번역에 필요한 영어 지문을 많이 보라고 하면, 한영 번역을 해 놓은 영어 지문만을 보는 경우가 종종 있습니다. 하지만 그런 방법은 우리말 구조와 표현에서 벗어나는 번역을 하는 데 도움이 되지 않습니다. 원어민이 쓴 비슷한 내용의 영어 지문을 찾아보는 것이 좋습니다. 예컨대 인터넷에서 대학 소개 영문을 보더라도 외국 대학 홈페이지의 학교 소개 영문을 보는 것이 좋습니다.

끝으로, 번역 후 병행 지문을 활용합니다. 1차 번역을 끝내고 나면, 원문의 구조에서 벗어나기 힘들었거나 번역한 표현에 만족하지 못할 때가 있습니다. 이럴 때는 관련 병행 지문을 훑어보면서 자신의 번역물에 활용할 수 있는 영어식 구조와 표현을 골라낼 수 있습니다.

자, 그러면 이제 '기사' 병행 지문을 살펴보며 기사 한영 번역을 공부하겠습니다.

EX1 In an interview last week, **President Barack Obama correctly emphasized** both that "**upside mobility was part and parcel of** who we were as Americans" and also that such mobility has **been "eroding** over the last 20, 30 years, well before the financial crisis." The question is: What can **Washington** do to **remedy the situation**?

(Asia Times Online)

번역 지난주 인터뷰에서 오바마 대통령이 미국인의 신분 상승이 반드시 이루어져야 한다고 강조한 것은 지당하다. 하지만 지난 20, 30년에 걸쳐 재정 위기가 닥치기 오래전부터 신분 상승이 경색되고 있는 점도 강조했다. 문제는 이런 상황을 해결하기 위해 미국 정부가 어떤 역할을 해야 하는가이다.

번역에 유용한 구조

-President Barack Obama: 직함+이름: 오바마 대통령(우리말 구조는 '이름+직함')

-correctly emphasize: 부사+동사 구조: 강조한 것은 당연하다

번역에 유용한 표현

-upside mobility was part and parcel of~: 신분 상승이 ~의 핵심이다

-be eroding: 감소하고 있다

-remedy the situation: 상황을 해결하다

-Washington: 미국 정부(각국의 수도는 그 나라 정부를 대표한다)

EX 2 The government has **shred social safety nets, slash investment in** education and other public goods, **allowed** bargaining rights **to** erode, and **prioritized controlling inflation over** creating jobs. Americans have hung in there by **working longer hours** and borrowing more, and by **having more women join the workforce**. But these "coping mechanisms," as Reich calls them, are pretty much **played out**. "The fundamental economic challenge ahead," he writes "is to restore the vast American middle class." But how? Start by **heeding a key lesson of** the Great Prosperity, he writes—that government **has an essential role to play**.

(www.rollingstone.com)

번역 정부는 사회 안전망을 낮추고 교육과 다른 공공재에 대한 투자를 줄였으며 교섭권을 줄이고 일자리 창출보다는 물가 잡기에 집중했다. 그 결과, 미국인들은 일을 더 많이 해야 했고 대출도 늘고 더 많은 여성이 일을 하면서도 근근이 생활해 오고 있다. 미국의 대표적인 정치경제 지도자이자 사회 사상가인 라이시(Reich) 교수는 이런 대응 방식은 이제 더 이상 적절하지 않다고 지적한다. 그의 책에서 "우리 앞에 놓인 가장 본질적인 경제 문제는 방대한 미국의 중산층 살리기"라고 강조한다. 그 방법은 대 번영(Great Prosperity: 2차 세계대전 후인 1947년부터 1977년 사이의 미국의 경제 부흥기) 때 배운 교훈에 따라 정부가 꼭 해야 할 일을 하는 것이라고 쓰고 있다.

번역에 유용한 구조

-allow+목적어+to 부정사: ~하게 하다

　ex. 휴대폰으로 이메일을 확인하게 하다.

　　　Cell phones allow us to check e-mails.

-controlling inflation: 영어의 형용사+명사 구조는 우리말의 주어(영어의 명사)+동사(영어의 형용사): 물가를 조절하다

　ex. 정부는 일자리 창출보다 물가 안정을 우선시했다.

The government prioritized controlling inflation over creating
jobs.

-working longer hours: 형용사+명사 구조: 노동 시간을 늘리면서

-have+사람+동사 원형: 사람에게 (~을) 시키다

  ex. I have him deliver the pizza.

    나는 그에게 피자 배달을 시켰다.

번역에 유용한 표현

-shred social safety nets: 사회 안전망을 낮추다

-slash investment in~: ~에 대한 투자를 줄이다

-prioritize A over B: B보다 A를 우선시하다

-join the workforce: 취업하다

-play out: 더 이상 소용없다

  1) happen: 일어나다

    ex. The negotiations are played out behind the closed room.

      밀실에서 협상이 이루어지고 있다.

  2) be no longer useful: 더 이상 소용없다

    ex. Coping mechanisms are played out.

      대응 방식이 더 이상 소용이 없다.

-heed a key lesson of: ~의 교훈에 귀 기울이다

-has an essential role to play: 꼭 해야 할 일이 있다

EX3 President Park Geun-hye said that a "creative economy" will

help restore the middle class because it will help create more jobs. This was one of Park's **presidential campaign promises**, made to **prop up** the country's **dwindling middle-class** and, **simultaneously search for a new growth engine**.

(www.koreatimes.co.kr)

번역 박근혜 대통령은 '창조 경제' 로 일자리 창출이 늘어서 중산층 복원에 일조할 것이라고 말했다. '중산층 복원' 은 박 대통령의 대선 공약 중 하나로 감소하는 한국 중산층을 지원함과 동시에 새로운 성장 동력을 찾는 것을 목적으로 하고 있다.

번역에 유용한 구조

-help+동사: 동사 앞에 help를 쓰면 '(상황, 일)에 기여하다' 라는 뜻이 됩니다.

ex. Creative economy will help (to) restore the middle class.

창조 경제는 중산층 복원에 기여할 것이다.

-simultaneously: 연결어: at the same time의 대체어로 앞의 내용과 뒤의 내용이 둘 다 지금 하고 있는 일인 경우 사용한다.

ex. 우리 학교는 다양한 교육 프로그램을 개설하고 있습니다. 또한 무료 정보화 교육도 하고 있습니다.

Our university has run many educational programs. Simultaneously, we have offered free information lectures.

번역에 유용한 표현

-presidential campaign promises: 대선 공약

-prop up dwindling middle-class: 감소하는 중산층을 지원하다

EX4 She requested on Wednesday that top conglomerates **increase investment and hiring to help spur the country's slumping economy**. She also promised to **dispel** business **concerns about** her **push for** "economic democratization," another of Park's signature economic policies that aims to **rein in the influence of** conglomerates, for example, by introducing regulations on the maximum amount they can invest and **cracking down on illegal cross-shareholding**.

(www.koreatimes.co.kr)

번역 박 대통령은 수요일 대기업들이 투자와 고용을 늘려서 한국 경제 위기 타개에 일조해 줄 것을 당부했습니다. 박 대통령은 또한 자신이 밀고 있는 경제 정책 가운데 하나인 '경제 민주화'를 추진하는 데 대한 기업의 우려를 종식시켜 주겠다고 약속했습니다. 이 정책의 목적은 대기업들의 투자 한도액에 대한 규제를 만들어 불법 순환 출자를 단속해 대기업의 횡포를 막으려는 것입니다.

번역에 유용한 구조

-increase investment to help spur the country's slumping economy:

투자를 늘려 국가 경제를 살리다: 우리말 문장에서 마지막에 온 동사 "살리다"의 영어 구조는 '~하기 위해'의 to 부정사로 번역한다.

번역에 유용한 표현

−spur the country's slumping economy: 불황을 타개하다

−dispel concerns about: 불안을 종식시키다

−push for~ : ~를 추진하다

−rein in the influence of: 영향력을 제어하다: influence와 affect 모두 '영향을 주다'라는 의미로 쓰이지만, influence는 특히 자신의 파워를 이용해 영향력을 행사하는 경우에 사용한다. 반면 affect는 어떤 요인이 영향을 주는 경우에 사용한다.

   ex. Her parents greatly **influenced** her beliefs.

      그녀의 부모님은 그녀의 신념에 큰 영향을 주었다.

   ex. This change does not **affect** me without loss of time.

      이 변화가 지금 당장 나에게 영향을 주는 것은 아니다.

−crack down on illegal cross−shareholding: 불법 순환 출자를 단속하다

2. 한영 번역 지문

병행 지문에서 학습한 영어 구조와 표현을 적극 활용하여 한영 번역을 해 봅시다.

朴대통령 "중산층 70% 복원, 경제 최상위 목표"

박근혜 대통령은 하반기 국정 기조의 핵심으로 '일자리 창출'을 통한 '중산층 복원'을 꼽았다. 박근혜 대통령은 29일 청와대에서 제2차 국민경제 자문회의를 주재하고 이에 대한 자문위원들의 의견을 청취했다. 회의에는 민간 자문위원과 정부위원, 경제단체 및 주요 연구기관 전문가들이 참석했다.

"중산층 비중 축소는 내수 감소와 성장 잠재력 약화, 사회 갈등 등의 심각한 문제를 초래할 수 있기 때문에 많은 나라들이 중산층 복원을 위해 다각적 노력을 기울이고 있다." "새 정부도 중산층 기반을 넓히고 탄탄하게 다지는 것이 경제 부흥과 국민 행복의 선결 과제라는 인식 하에 중산층 70퍼센트 복원을 고용률 70퍼센트 달성과 함께 경제 정책의 최상위 목표로 설정하고 있다." 박근혜 대통령은 중산층 복원을 위해서는 고용률 목표치 달성이 이뤄져야 한다고 역설했다.

"중산층 70퍼센트 복원과 고용률 70퍼센트 달성은 사실 따로 가는 것이 아니다. 고용률 70퍼센트 달성이 바로 중산층 70퍼센트 복원의 근간이기 때문이다." "앞으로 중산층 복원 정책을 추진함에 있어서 고용과 복지의 연계를 강화해서 이를 통한 중산층 진입을 지원하고, 양질의 시간 선택제 일자리 창출과 보육을 비롯한 여성 근로 여건 개선, 맞벌이 지원과 고령자 일자리 창출 등을 통해 중산층 확대의 기반을 마련해야 한다."

소득 수준만을 기준으로 중산층을 복원하는 방식에 대해서도 부정적 시각을 드러냈다.

"진정한 중산층 복원은 경제뿐 아니라 사회적, 문화적으로도 다양하게 접근할 필요가 있다." "경제, 사회, 문화 등 전반적 생활에서 중산층으로 느끼고 행동할 수 있어야 건전한 중산층이 복원될 수 있다." "사회적 안정감, 시민의식, 문화생활 향유 등 여러 가지 측면에서 중산층을 확대할 수 있는 정책 과제들에 대해서도 고민할 때다."

(뉴데일리, 2013, 8, 29)

3. 한영 번역 강의

朴 대통령 ① "중산층 70% 복원, 경제 최상위 목표"
박근혜 대통령은 하반기 ② 국정 기조의 핵심으로 '일자리 창출'을 통한 ② '중산층 복원'을 꼽았다. ③ 박근혜 대통령은 29일 청와대에서 제2차 국민경제자문회의를 ④ 주재하고 이에 대한 자문위원들의 ⑤ 의견을 청취했다. ⑥ 회의에는 민간자문위원과 정부위원, 경제단체 및 주요 연구기관 전문가들이 ⑥ 참석했다.

| 학생번역 |

President Park, ① **comeback of 70 percent of middle class, economy's top goal**

President Gun-hye Park ② **picked restoration of middle class** through creation of job ② **as the core of her government** for the latter half of this year. ③ **President Gun-hye Park** ④ **had** the 2nd **meeting** for People's economic advisory at the Blue House on 29th and ⑤ **heard** advisories' opinions. ⑥ **In the meeting**, private advisories, governmental members, economic organization and major research institutes ⑥ **participated**.

설명에 들어가기에 앞서 한마디 하자면, 우리말 원문을 그대로 번역하지 말고 먼저 우리말 문장을 잘~ 읽어 보는 것이 중요합니다. 한영 번역을 잘한다는 것은 우리말 원문을 그대로 번역하는 것이 아닙니다.

우리말을 읽고 핵심어만을 골라 영어 구조에 맞게 번역해 보는 연습이 필요합니다.

– "복원"을 한영 번역할 때는 '재등장'의 뜻을 가진 comeback이 아니라 이전에 있던 중산층을 '회복'한다는 의미의 restore를 써야 합니다. 또한 "최상위 목표"는 여러 목표 중에서 '가장 중시하는 목표'라는 의미가 전달되도록 번역합니다.

– "국정 기조의 핵심으로 ~ '중산층 복원'을 꼽았다"는 '국정 기조의 핵심= 중산층 복원'이라는 뜻입니다. 그에 따라 "꼽았다"는 그 단어 그대로 영어로 옮기기보다는 우리말 구조를 영어식 구조로 바꿨을 때 주어와 목적어를 보면서 어떤 동사가 와야 할지 생각해야 합니다. 그러면 said 혹은 '강조하다'는 의미가 있는 stress, emphasize 등이 떠오를 것입니다.

• picked → said / stressed / empahsized

그리고 "핵심"은 the core of가 틀린 것은 아니지만 영어식 표현인 be part and parcel of으로 번역해 봅시다. 그러면 한영 번역 시 다음과 같은 과정을 거치게 됩니다.

• as the core of her government → part and parcel of her government

여기서 government는 administration으로 대체할 수 있습니다.

따라서 첫 번째 문장의 수정 번역은 다음과 같습니다.

President Park stressed that the restoration of middle class prosperity through job creation will be the part and parcel of her administration for the second half of this year.

−우리말은 명사를 계속 반복합니다. 위의 지문에서도 계속해서 '박근혜 대통령'을 언급합니다. 그러나 영어는 처음에 명사를 쓴 후 그 다음에는 적절한 대명사로 대체해야 합니다. 여기서는 she가 되겠습니다.

• President Gun−hye Park → she

−여러 영어 지문을 읽다 보면 meeting이나 conference와 같이 다니는 동사를 발견할 수 있습니다. '(회의를) 열다' 라는 의미로 쓰이면서 meeting이나 conference와 같이 다니는 동사로는 preside over, convene, hold, host, chair 등이 있습니다.

• had the 2nd meeting → preside over the 2nd Advisory Conference

참고로 몇 사람이 모여 몇 시간 동안 회의를 할 때는 meeting과 conference를 혼용해서 사용할 수 있습니다. 그러나 대규모의 사람이 모여 하루 종일 혹은 며칠을 계속하는 회의는 conference를 씁니다. conference에는 meeting, seminar 등이 포함됩니다.

1. I have a **meeting** on Thursday afternoon. (몇 시간짜리 회의)

2. I have the **conference** to attend which will last two days. (이틀

동안 계속되는 회의)

– "의견을 청취하다" 또는 "귀를 기울이다"에 대응하는 영어 표현은 listen to입니다. 대체할 수 있는 표현은 heed, take heed to, be attentive to, pay attention to가 있습니다.

• heard advisories' opinions → was attentive to her advisors' views 참고로 hear은 귀에 들려오는 것을 듣는 것이고 listen to는 pay attention to해서, 즉 집중해서 듣는 것입니다.

1. I **heard** the noisy signal. (신호음이 들렸다.)
2. I **listened to** the noisy signal. (신호음을 주의 깊게 들었다.)

– "회의에는 ~가 참석했다"라는 말을 영어로 옮길 때는 문장을 "~가 회의에 참석했다"로 재배치합니다. 즉 (참석자) participated in the meeting, (참석자) are present at the meeting이나 '참석자는 ~였다'라는 의미의 participants are~ 등으로 번역할 수 있습니다.

• In the meeting, private advisories, governmental members, economic organization and major research institutes participated. → Personal advisors, government commissioners, financial groups and experts from major research centers were present at the conference.

| 수정번역 |

President Park, restore of 70 percent of the population to the middle class, the primary goal of Park's administration

President Park stressed that the restoration of middle class prosperity through job creation will be part and parcel of her administration for the second half of this year. Presiding over the 2nd Advisory Conference on National economy in the Blue House on the 29th, she was attentive to her advisors' views on this issue. Personal advisors, government commissioners, financial groups and experts from major research centers were present at the conference.

① "중산층 비중 축소는 내수 감소와 성장 잠재력 약화, 사회 갈등 등의 ② 심각한 문제를 초래할 수 있기 때문에 많은 나라들이 ③ 중산층 복원을 위해 다각적 노력을 기울이고 있다." "새 정부도 중산층 기반을 넓히고 탄탄하게 다지는 것이 경제 부흥과 국민 행복의 ④ 선결 과제라는 인식 하에 중산층 70퍼센트 복원을 고용률 70퍼센트 달성과 함께 경제 정책의 최상위 목표로 설정하고 있다." ⑤ 박근혜 대통령은 ⑥ 중산층 복원을 위해서는 ⑦ 고용률 목표치 달성이 ⑧ 이뤄져야 한다고 역설했다.

| 학생번역 |

"Because ① **reduction of middle class** can ② **cause serious problems** such as ① **reduction of domestic demand, weakening of growth potential** and social conflicts, many countries are making multiple efforts for ③ **restoration of middle class**." "④ **Under the recognition that** new government should increase middle class basis, economic recovery and citizens' happiness first, restoration of 70 percent middle class with 70 percent employment rate is the highest goal of economic policies."

⑤ **President Gun-hye Park** strongly said that ⑦ **achievement of employment rate** ⑧ **should be made** ⑥ **in order to restore the middle class**.

| 관련설명 |

– "중산층 비중 축소, 내수 감소, 성장 잠재력 약화" 와 같은 우리말의 주어+동사 구조는 영어의 형용사+명사 구조에 해당됩니다. 즉 우리말의 주어는 영어의 명사, 우리말 동사는 영어의 형용사에 해당됩니다.

즉 '중산층 비중 축소 → 축소된 중산층 비중', '내수 감소 → 감소된 내수', '성장 잠재력 약화 → 약화된 성장 잠재력' 으로 변환해 한영 번역에 들어가면 됩니다.

• reduction of domestic demand, weakening of growth potential → sluggish domestic demand, sagging potential growth

– "심각한 문제를 초래할 수 있다" 를 직역하면 can cause serious problems입니다. 그런데 여기서 잊지 말아야 할 것이 있습니다. 잘된 번역은 **한국말을 그대로 따라간 번역이 아니라 그 문맥이나 상황에 맞는 영어 표현으로 번역하는(rewriting)** 것입니다.

"심각한 문제를 초래할 수 있다" 에서는 "초래할 수 있다" 에 주목해야 합니다. "초래할 수 있다" 는 것은 지금은 아직 아니지만 앞으로 '(그런 나쁜 일이) 일어날 수 있다' 는 의미이므로 그에 해당하는 영어 동사 presage를 씁니다.

presage는 '(불길한 일의) 전조가 되다' 라는 뜻을 가지고 있습니다. 같은 뜻을 가진 명사로는 harbinger가 있습니다. 이는 '(좋지 않을 일이 일어날) 조짐' 입니다. 따라서 presages serious problems 혹은 is a harbinger of major problems라고 번역하면 좋겠습니다.

• cause serious problems → is a harbinger of major problems

한영 번역을 하다 보면 "심각한"을 번역해야 될 때가 많습니다. 그런데 '심각한' 하면 serious만 생각나니 정말 심각해집니다. 계속 같은 단어로 번역하게 되면 좋은 글이 나올 수 없습니다. 다음 표현을 암기하고 문맥에 맞게 사용해 보십시오.

serious problems / acute problems / critical problems / major problems / pressing problems / severe problems / urgent problems ….

─기사에서 "중산층 복원" 이라는 말이 거의 한 행 건너 한 번씩 나옵니다. 이런 경우 같은 말 사용을 피하기 위해서는 앞의 예문처럼 the situation, the condition 등으로 대체하여 remedy the situation(상황을 해결)로 번역합니다.

• restoration of middle class → remedy the situation

─"선결 과제라는 인식 하에는"을 우리말 구조 그대로 옮기면 군살이 많은 번역이 됩니다. 군살은 누구도 좋아하지 않습니다. 우리말은 직접 화법을 선호하지 않기 때문에 불필요한 말을 덧붙이는 경향이 있습니다. 그러니 우리말 그대로 번역하는 대신 간단히 영어 동사로 번역해 봅시다. 이때 앞의 병행 자문에서 정리한 표현인 prioritize A over B(B보다 A를 우선시하다)나

place top priority on A로 번역해 봅시다.

• Under the recognition that → places top priority on

한영 번역에서 표현의 반복을 피하는 방법

하나의 글에서 주제어는 종종 반복됩니다. 주제어를 매번 다르게 번역하기란 쉽지 않습니다. 하지만 좋은 영문을 보면 글쓴이가 다른 표현으로 쓰기 위해 많이 노력한 것을 알 수 있습니다.

예를 들어 온라인 교육을 소재로 한 글이라면 '온라인 교육' 이라는 단어가 계속 반복될 텐데, 좋은 영문에서는 이 단어를 online courses / online education / distance-education courses / distance learning / virtual education / e-learning 등으로 다양하게 표현합니다.

반복을 피하는 또 한 가지 방법은, 명사를 대명사로 번역하듯 대체 표현을 활용하는 것입니다. 다음의 예를 살펴봅시다.

1. **교통사고**가 발생했다. **그 사고**로 일대가 교통체증을 겪었다.

   A traffic accident took place. **The situation** paralyzed traffic around the area.

2. 조사 결과 이들 중 291명이 **당뇨병**을 앓기 시작했다. 특히 과도한 업무 스트레스에 시달리는 이들은 **당뇨병**을 앓게 될 확률이 45% 더 높았다.

   The results showed that 291 of the participants went on to develop **diabetes** and those with high job-related stress had a 45 percent higher risk of developing **the condition**.

- "박근혜 대통령"은 반복을 피하기 위해 대명사 she로 번역합니다.
- President Gun-hye Park → she

- "중산층 복원을 위하여"라는 주제어가 또 나왔습니다. 앞에서 설명했던 방법 외에 반복을 피하는 또 한 가지 방법은 문맥의 '의미'를 가지고 번역하는 것입니다. 문장의 바로 앞 내용이 인구의 70퍼센트가 중산층이 되는 경제 구조에 대한 것이니 "중산층 복원을 위하여"라는 말은 곧 '중산층 중심의 경제가 되기 위하여'라는 의미입니다. 따라서 그 의미를 살려 a middle class-led economy 혹은 middle class-based economy로 번역할 수 있습니다.
- restore the middle class → fostering a middle class-led economy

- "고용률 목표치 달성"은 이전 문장에서 언급되었기 때문에 중복을 피할 대체 표현을 찾아야 합니다. 목표치인 70퍼센트가 성취되어야 한다는 앞의 표현을 반복하지 않고 다른 표현을 생각해 봅시다. reach the target of employment로 번역하면 어떨까요?
- achievement of employment rate → reaching the target of employment

- "함께 이뤄져야 한다고 역설했다"에서 먼저 "이뤄져야 한다"에 주목합니다. 이 문장에는 '반드시 그렇게 되어야 한다'는 의무의 의미가 들어 있으므로 should를 대신하면서 '먼저'의 의미까지 가지고 있는 영어 표현을 생각해 봅시다. prerequisite는 '전제 조건'이므로 적절한 표현이 되겠습니다.
- should be made → is a prerequisite to

She said, "Because a dwindling middle class is a harbinger of major problems such as sluggish domestic demand, sagging potential growth and social conflict, many countries have undertaken multi-faceted efforts to remedy the situation." "My administration places top priority on raising 70 percent of the population into the middle class while attaining the goal of 70 percent employment." She added that reaching the target of employment is a prerequisite to fostering a middle class—led economy and public satisfaction.

① "중산층 70퍼센트 복원과 고용률 70퍼센트 달성은 사실 따로 가는 것이 아니다. 고용률 70퍼센트 달성이 바로 중산층 70퍼센트 복원의 ② 근간이기 때문이다." "앞으로 중산층 복원 ③ 정책을 추진함에 있어서 ④ 고용과 복지의 연계를 강화해서 이를 통한 중산층 진입을 지원하고, 양질의 시간 선택제 일자리 창출과 보육을 비롯한 여성 근로 여건 개선, 맞벌이 지원과 고령자 일자리 창출 등을 통해 중산층 확대의 기반을 마련해야 한다."

| 학생번역 |

① **"Restoration of 70 percent middle class and achievement of 70 percent employment rate don't go separately** because the achievement of 70 percent employment rate ② **is the foundation of** restoration of 70 percent middle class." ③ **"By**

pushing forward with restoration policy of the middle class, we should prepare for expansion of the middle class ④ **by strengthening relations between employment and welfare** through supporting the entry to the middle class, offering flexible working hours, creating jobs, improving working environment for female workers including childcare, supporting working couples and job creation for the elderly."

설명에 들어가기에 앞서, 위의 학생 번역을 보면 우리말 지문은 7줄인데 영문은 11줄이 되었습니다. 이것은 적절한 표현이나 구조를 찾지 못해서 길게 풀어 설명했거나 우리말의 구조를 그대로 번역했기 때문입니다. 분량을 원문과 비슷하게 맞추는 것도 좋은 번역의 한 가지 기준입니다.

| 관련설명 |

- "중산층 70퍼센트 복원과 고용률 70퍼센트 달성은 사실 따로 가는 것이 아니다."를 글자 그대로 번역하지 말고 매의 눈으로 한 겹 살짝 벗겨내 어떤 의미를 전달하려는 것인지 파악해야 합니다. 우선 "중산층 70퍼센트 복원"과 "고용률 70퍼센트 달성"은 앞서 언급이 된 숫자들이므로 기계적으로 반복 번역을 할 것이 아니라 표현을 바꿔 the two sectors로 번역할 수 있습니다. 또 이 둘이 "따로 가는 것이 아니다"라는 말은 이 둘이 '불가분의 관계'라는 것이니 inseparable이라는 어휘로 번역합니다.

• Restoration of 70 percent middle class and achievement of 70 percent employment rate don't go separately → The two sectors are inseparable

– "고용률 70퍼센트 달성이 중산층 70퍼센트 복원의 근간이다." 이 문장은
'고용률이 70퍼센트 달성되었을 때 중산층 70퍼센트 복원이 이루어진다' 는
의미입니다. 우선 반복되는 "고용률 70퍼센트 달성" 과 "중산층 70퍼센트 복
원" 을 다르게 번역하는 또 다른 방법은 대명사인 '전자(the former / the
one)' 와 '후자(the latter / the other)' 로 번역하는 것입니다.
　• The achievement of 70 percent employment rate is the foundation
of restoration of 70 percent middle class → The other is the
backbone of the one

– "정책을 추진함에 있어서" 는 'by ~ing' 형태로 많이 번역합니다. 왜냐하
면 우리말 연결어미인 '~를 함으로써' 에서 벗어나지 못하기 때문입니다. 그
러니 누구나 하는 획일적인 구조에서 벗어나려면 조사를 떼어 버리고 핵심
어만 가지고 영어식으로 생각하는 연습이 필요합니다.
앞뒤 내용을 읽어 보면 '앞으로 중산층 복원 정책을 추진할 때 다음과 같은
사항을 중요시해야 한다' 는 의미이므로 when절로 번역하면 되겠습니다.
　• by pushing forward with restoration policy of the middle class →
when we push forward with policies for the middle class

– "고용과 복지의 연계를 강화해서" 는 "앞으로 중산층 복원 정책을 추진함
에 있어서 고용과 복지의 연계를 강화해서" 의 일부입니다. 의미를 정리하면
'정책에 고용과 복지를 반영한다' 는 것입니다. 그러니 원문 구조대로 따로

따로 번역할 것이 아니라 의미를 살려 '고용과 복지를 반영한 정책을 수립한다' 로 번역합니다.

• by strengthening relations between employment and welfare → policies factoring into employment and welfare

연결어미가 '~해(서)' 로 끝나는 경우 전치사구 활용

"고용과 복지의 연계를 강화해서" 등 연결어미가 '~해(서)' 로 끝나는 경우, 한영 번역 시 영어의 전치사구를 활용하는 예가 많습니다.

몇 가지 대표적인 예를 살펴봅시다.

1. 그 사람을 **기념해서** 기념비가 세워졌다.

   In honor of him, a monument was built.

2. **경제난을 견디다 못해서** 개인 사업자들이 사업을 접었다.

   Self-employed business owners closed their shops **after enduring economic difficulties**.

3. 그녀는 **건강을 희생해서** 연구를 마쳤다.

   She finished her study **at the expense of her health**.

4. **나이가 어린 점을 고려해서** 그들은 그를 용서했다.

   They pardoned him **in consideration of his youth**.

5. 그 여배우의 소속사가 **대신해서** 사과를 했다.

   The actress's managing company made an apology **on behalf of her**.

She said, "The two sectors are inseparable because the other is the backbone of the one." She added, "When we push forward with policies factoring into employment and welfare to make the middle class flourish on a stronger foundation, we can help more people enter the middle income bracket through enhanced working conditions for female employees such as flexible working hours and childcare that support working couples and efforts to create jobs for seniors."

① 소득 수준만을 기준으로 중산층을 복원하는 방식에 대해서도 부정적 시각을 드러냈다.

"② 진정한 중산층 복원은 경제뿐 아니라 사회적, 문화적으로도 ③ 다양하게 접근할 필요가 있다." "④ 경제, 사회, 문화 등 전반적 생활에서 중산층으로 느끼고 행동 ④ 할 수 있어야 건전한 중산층이 복원될 수 있다." "사회적 안정감, 시민의식, 문화생활 향유 등 여러 가지 측면에서 ⑤ 중산층을 확대할 수 있는 정책 과제들에 대해서도 ⑥ 고민할 때다."

| 학생번역 |

She ① **revealed the negative view on the way of restoring the middle class based on income level**.

"② **The real restoration of the middle class** ③ **should be approached variously** by not only economic aspect but also social and cultural aspects." ④ **"The sound middle class can be restored** by feeling and acting **in general life such as economy, society and culture."** ⑥ **"It's time that we consider** political tasks which can ⑤ **expand the middle class** in terms of social security, citizens' consciousness, enjoyment of cultural life."

| 관련설명 |

-"부정적 시각을 드러냈다"를 우리말 그대로 reveal the negative view on이라고 번역하기보다는 문장의 의미를 다시 한 번 차분히 생각해 본 후 문맥에 맞는 영어 동사를 찾아야 합니다. 이 문장은 동사 criticize 하나로 간단히 해결됩니다.

그리고 "소득 수준만을 기준으로 중산층을 복원하는 방식"은 그 뒤 문장을 보면 사회문화적 요인을 배제하고 경제적 요인만으로 중산층을 인식하는 방식이라는 것을 알 수 있습니다. 다시 말해 '소득 수준, 즉 수입만으로 중산층을 분류하는 방식'으로 이해하고 번역해야 상대방에게도 그 의미가 잘 전달될 수 있습니다.

• revealed the negative view on the way of restoring the middle class based on income level → On the other hand, she criticized perceiving the middle class ratio solely in terms of income level

-"진정한 중산층 복원"이라는 주제어가 반복되고 있습니다. "복원"이라는 단어 때문에 re~로 시작하는 단어만 생각하면 글자 감옥에 갇히게 됩니다. 앞에서 '복원'에 관해서는 충분히 다루었으니 이제는 중산층이 '번성하다

(thrive)', '융성하다(flourish)', '부흥하다(revive)' 등의 단어로 번역해 보는 것이 좋겠습니다.

• The real restoration of the middle class → helping the middle class to thrive(=flourish)

– "다양하게 접근할 필요가 있다"는 '다양하게 고려할 필요가 있다'는 의미입니다. 그러면 다음과 같이 수정 번역할 수 있을 겁니다.

• should be approached variously → should be taken into account

– "경제, 사회, 문화 등 전반적 생활에서 ~할 수 있어야"에서 '경제, 사회, 문화 등'은 바로 앞에서 언급되었으니 중복을 피하는 것이 좋습니다.
그리고 "~할 수 있어야"는 '~때에만 비로소 진정한 중산층이 복원되었다고 할 수 있다'는 의미이기 때문에 도치 구조인 'only when 주어+동사', '조동사+주어+동사'를 활용해 그 의미를 강조합시다.
또 "건전한 중산층 복원"이라는 주제어가 다시 언급되었는데, 이것은 표현을 바꿔서 '중산층이 뿌리를 내릴 수 있다'로 번역해 봅시다.

• The sound middle class can be restored by feeling and acting in general life such as economy, society and culture. → Only when citizens have a sense of middle class lifestyles in these sectors as well, will middle class families be firmly rooted.

– "확대하다"를 영어로 번역할 때 expand를 extend와 혼동하는 경우가 많습니다. 앞에서도 설명했지만 expand는 '수축하다(contract)'의 반대 개념

으로 '팽창'의 의미를 가지며, extend는 그런 의미도 있지만 길이나 시간을 연장할 때 사용합니다. 여기서는 중산층을 늘리자는 이야기니 extend가 맞겠지요.

• expand the middle class → extend the middle class

- "고민할 때이다" 참 많이 쓰는 말입니다. 영어로는 어떤 표현을 쓸까요? 보통 consider나 be anxious about, be concerned about를 씁니다. 하지만 가장 널리 쓰이는 영어 표현은 weigh in입니다.

• It's time that we consider → It's time to weigh in

| 수정번역 |

On the other hand, she criticized perceiving the middle class ratio solely in terms of income level.

"Helping the middle class to thrive again should not be limited to economic factors. Social and cultural factors should be taken into account as well. Only when citizens have a sense of middle class lifestyles in these sectors as well, will middle class families be firmly rooted. It's time to weigh in the political agenda such issues as social security, civil awareness and cultural lives to extend the foundation of the middle class."

인터넷을 통해 백악관의 weekly address를 보고 들으며 번역 연습을 해 봅시다. 인터넷 주소는 http://www.whitehouse.gov/briefing-room/weekly-address입니다.

오바마 대통령이 일주일에 한 번씩 그 주의 관심사에 대해 한 연설을 담고 있는데, 한 편이 4분 정도 길이여서 지루하지도 않고 학습용으로 '딱' 입니다.

오바마 대통령은 언변이 좋을 뿐 아니라 뛰어난 문장가이기도 하니 번역을 위해 영어식 구조와 표현을 정리하고 공부하기에 좋은 사이트입니다. 앞의 본문에서 나온 weigh in이라는 표현을 이 사이트에서 여러 번 본 기억이 납니다.

4. 기사 글에서 자주 나오는 표현

1| 국민의 20퍼센트만이 중산층 **기준에 부합된다**.

Only 20 percent people **meet the eligibility criteria for** the middle class.

2| 그는 **부양가족**이 많다.

He has many **dependents**.

3| 이 회사는 **신입 사원을 채용**하는 데 인성과 적성을 우선한다.

The company gives top priority to character and aptitude in **recruiting new employees**.

4| **경제 위기를 극복**하기 위해 정부에 대한 적극적인 지원이 필요하다.

To **ride out the economic crisis**, we need to render full support for the government.

5| 초당 정책은 **복지 향상과 경제성장 강화**를 가져온다.

A bipartisan policy will lead to **better welfare and stronger economic growth**.

6| 현 경제 정책의 목표는 **수지 균형을 맞추는 것**이다.

The current economic policy aims to **balance the budget**.

7| 그리스는 **국가 부도** 위기에 처해 있다.

Greece is on the verge of a **sovereign default**.

8| 우리는 (주식 배당금이) **무배당이 되었다.**

We **passed a dividend**.

9| 농가에 대한 보조금이 내년까지 **단계적으로 중단될 것**이다.

Subsidies to farmers will **be phased out** by next year.

10| 그들은 **소비자 물가와 경제 성장에 대한 후 폭풍**을 우려했다.

They worried about **the repercussions on consumer prices and economic growth**.

11| 가죽 부츠가 요즘 **잘 팔린다**.

Leather boots **are much sought after** these days.

12| 이 리스트에 있는 국가들은 당장 **유동성은 부족하지만 지불 능력은 있는** 나라들이다.

The countries listed **are illiquid but solvent**.

13| 유권자들은 투표를 통해 **사회적 약자 우대 정책**을 결정할 수 있다.

Voters can decide **affirmative action** through a referendum.

14| 한국은 **샴페인을 너무 일찍 터트렸다.**

Korea **was complacent about** economy.

15| 그 회사는 **직원들을 정리 해고하려던 정책을 폐지**했다.

The company **scrapped the idea of laying off employees**.

16| 새 복지 정책으로 생활수준의 **양극화 현상이 줄어들었다.**

A new welfare policy **reduced the disparity** in living standard.

17| **빈익빈 부익부**

The rich are getting richer and the poor are getting poorer.

18| 나는 **매출액 대비 일정 비율의 수수료**를 받는다.

I work **on a straight commission**.

19| 우리 회사는 **박리다매 정책**을 고수한다.

Our company sticks to **small profits and a quick-returns policy**.

20| 취업률이 **한 자리 수로 줄었다.**

Employment rate **recorded a single-digit decline**.

5. 총정리

이번 강의에서는 '중산층'에 관한 영문 기사 지문을 간단히 살펴보고 나서, 관련 내용을 담은 우리말 기사를 영어로 번역해 보았습니다.

특히 우리말 기사에서 반복적으로 언급된 주제어 "중산층 복원"의 반복을 피하면서 좋은 번역을 할 수 있는지 문장의 구조 측면과 표현 측면에서 살펴보았습니다.

우선 구조적인 면에서는 원문의 주어와 서술어를 '형용사+명사'의 영어 구조로 번역했습니다.

"중산층 복원"을 뜻하는 restoration of middle class 대신 the situation 으로 번역했습니다. 되풀이되어 나오는 "중산층 70퍼센트 복원(restoration of 70 percent middle class)"과 "고용률 70퍼센트 달성(achievement of 70 percent employment rate)"도 the two sectors, the one / the other 등 중복을 피할 수 있는 여러 표현으로 번역했습니다.

표현 면에서는 "복원(restoration)"이 빈번하게 언급되었기 때문에 the middle class thrive(flourish), the middle class can be firmly rooted와 같은 대체 표현을 사용해 보았습니다.

하나의 글에서 주제어는 반복될 수밖에 없습니다. 좋은 번역을 하려면 반복적으로 나오는 주제어를 다르게 표현할 줄 알아야 합니다. 그 열쇠는 좋은 영문을 보면서 같은 의미를 어떤 식으로 다르게 표현하는지 꼼꼼히 살펴보는 데 있습니다.

하루가 즐거운
Punchline

하루를 산뜻하게 시작하는 법

일, 컴퓨터에 새 파일을 만든다.

이, 파일명으로 지구를 떠났으면 하는 사람(것)의 이름을 쓴다.

삼, 삭제 버튼을 누른다.

사, 화면에 '영구 삭제하시겠습니까?'라는 문장이 뜬다.

오, '예'라는 버튼을 꾹~ 누른다.

How to start your day with a positive outlook

First, open a new file in your PC.

Second, name it someone(something) you want to get rid of.

Third, click the button 'delete.'

Forth, your PC will ask you, "Are you sure you want to delete the file

permanently?"

Fifth, answer calmly, "Yes," and press the mouse button firmly….

기고문

1. 병행 지문

한영 번역과 관련된 영어 지문을 먼저 보면서 배경지식을 익히고 한영 번역 시 활용할 수 있는 영어 구조 및 표현을 학습합니다.

EX1 Democracy 2.0 is the inevitable movement that will take control of society **in the hands of** itself. It'**s not exactly** a new system of government. It's a mechanism to **decentralize leadership** (not government itself) in our current system, both legally and peacefully. **The ideas of grassroots are gathered using D−2.0 in order to impact** society.

(http://thedemocracytwoexperiment.wordpress.com)

번역 민주주의 2.0은 이 운영 체제를 이용하여 사회를 통제하려는 불가피한 움직임이다. 그렇다고 정부의 새로운 시스템이라고 보기는 어렵다. 권력을 현재의 정부만이 아닌 합법적으로 평화적으로 분산시키려는 것이다. 일반 시민들의 생각이 민주주의 2.0을 중심으로 사회를 움직인다.

번역에 유용한 구조

-is not exactly: ~(보기는) 정확하지 않다: 의미 강조를 위해 부정을 긍정으로, 즉 '~(보기는) 어렵다' 로 번역한다.

-are gathered ~ in order to impact: 모여 영향을 주게 된다: 우리말 문장의 끝부분에 동사 2개가 모여 있는 경우 대부분 마지막 동사가 부정사의 목적의 구조로 번역된다.

ex. 한 여성이 유리창을 **깨고** 아이를 **구조했다**.

A woman broke the window **to rescue** the child.

번역에 유용한 표현

-in the hands of~: ~의 관리 / 지배하고 있는

ex. The matter is in the hands of my lawyer.

〈민주주의 2.0〉, 즉 〈Democracy 2.0〉은 정치 용어로 인터넷상에서 아테네의 민주정치와 같은 직접 민주주의를 하자는 움직임입니다. 인터넷에 시민들이 안건을 올리고 이에 대해 시민 모두가 찬반 토론에 참여하거나 투표도 할 수 있으니, 더 이상 간접 민주주의 방식으로 정책을 정하지 말자는 운동입니다.

그 문제는 내 변호사가 관리하고 있다.

−decentralize leadership: 권력을 분산시키다

−the idea of grassroots: 일반 시민의 생각

−be gathered using democracy 2.0: 민주주의 2.0을 중심으로 모이다

EX2 Unless the process **is driven by** people themselves, it will never **take root**. So we are **developing an** innovative constitutional **process** where the key decisions will be made by the British people themselves ... We have deliberately constructed a **process where** we've given up control because we believe only such a process whose ownership is located among the people themselves, can have any chance of success.

(http://www.theguardian.com)

번역 그런 운동은 시민이 주체가 아니면 결코 뿌리 내리지 못할 것이다. 그러므로 영국 국민 스스로가 중대한 결정을 할 수 있는 혁신적인 헌법 과정을 만들고 있다. 우리(정치인)가 통제하지 않는 과정을 의도적으로 만들고 있으며 그 이유는 그 과정은 국민이 주체일 때만 성공할 수 있다고 믿기 때문이다.

번역에 유용한 구조

−process where 주어+동사: ~과정을 만들어 ~일을 하다

  ex. 헤밍웨이는 쿠바의 어촌 마을에 가서 영감을 얻어 『노인과 바다』를 썼다.

  Hemingway went to a fishing village **where** he was inspired to write *Old Man and the Sea*.

번역에 유용한 표현

-be driven by~: ~가 주도하다

ex. 이 계획은 정부 주도 하에 이루어지고 있다.

　　The project has been driven by the government.

-take root: 뿌리를 내리다

-develop a process: 과정을 만들다

여러 개의 형용사가 명사를 수식할 경우

-형용사 사이에 and를 사용하지 않는 경우: 각각의 형용사가 수식하는 명사에 속한다고
판단될 때

　ex. an innovative constitutional process / an angry and young man

-형용사 사이에 and를 사용하는 경우: 각각의 형용사가 별개의 집단에 속한다고 판단될 때

　ex. a social and political problem / a musical and artistic genius

EX3 Democracies **result in fewer wars** and suffering, and lead to explosions of innovation and **increases in prosperity**. **Unfortunately**, extremists **overrepreseneted** their views while moderates are **underrepresented**. So with that explosion of innovation of the last 200 years that has accompanied the rise of democracies, has anything been invented or discovered that might help our modern democracies to **endure**?

(Description of Book "Democracy 2.0" in amazon.com)

> **번역** 민주주의 체제 아래 전쟁과 고통은 줄고 폭발적인 혁신이 이루어지며 날로 발전하고 있다. 그러나 유감스럽게도, 극단주의자들은 자신의 목소리를 너무 높이고 온건주의자들은 미처 의견을 피력하지 못하고 있다. 민주주의 융성과 함께한 지난 200년간의 폭발적인 혁신 아래, 우리 근대 민주주의를 지속시켜 나갈 수 있는 발명이나 발견에는 어떤 것이 있을까?

번역에 유용한 구조

−fewer wars: 형용사+명사 구조: "전쟁이 줄어들고"는 우리말 구조, 영어의 구조는 형용사+명사 구조인 "줄어든 전쟁"

번역에 유용한 표현

−increase in prosperity: increase in 명사: 명사의 증가

  ex. increase in sales(판매 증가) / increase in price(물가 인상) / increase in number(수의 증가) / increase in population(인구의 증가) / increase in salary(봉급 인상)

−result in(=lead to / cause): 야기하다

−unfortunately: 사전적 뜻은 '불행하게도'이지만 문맥에 따라 다양한 의미를 갖는다. 다음의 예에서 unfortunately의 다양한 우리말 표현을 알 수 있다.

  ex. **Unfortunately**, this machine is not working.

공교롭게도 기계가 고장이다.

Unfortunately, I can't attend your house-warming party.

미안하지만 너희 집들이에는 못 가게 됐어.

Unfortunately, I have to delay my departure.

본의 아니게 출발을 늦춰야겠습니다.

-overrepresent / underrepresent: 지나치게 표현하다 / 할 말을 다 못하다

-endure: 흔히 '참다', '인내하다' 의 타동사로 쓰이지만 '오래 지속되다' 라
는 의미의 자동사로도 쓰인다.

  ex. She could not **endure** the thought of parting. (타동사 용법)

    그녀는 헤어진다는 생각을 **견딜** 수 없었다.

    We should help our modern democracy to **endure**. (자동사 용법)

    현대식 민주주의가 **오래 지속**되도록 해야 한다.

    Both held a negotiation on **enduring** ceasefire.

    양국은 **장기간** 휴전에 관해 협상했다.

2. 한영 번역 지문

병행 지문에서 학습한 영어 구조와 표현을 적극 활용하여 한영 번역을 합
니다.

〈민주주의 2.0〉은 시민들의 대화의 장입니다. 성숙한 민주주의의 핵심 가치
는 '대화와 타협' 이고 이를 위해서는 시민 사이의 소통이 한 단계 발전해야

합니다. 소통의 양도 많아져야 하고 소통의 수준도 높아져야 합니다.

우리 사회에는 미디어도 많이 있고 인터넷 세계에도 많은 주장과 의견이 넘치고 있습니다. 그러나 기존의 미디어 세계는 한쪽의 목소리가 너무 커 균형 있는 소통의 장이 되지 못하고 있습니다. 인터넷 세계에서 많은 사람들이 자유롭게 말하고 있지만 대부분 단순한 주장과 간단한 댓글 구조로 되어 있어서, 정보와 지식의 수준을 향상시키는 데는 한계가 있습니다.

자유롭게 대화하되, 깊이 있는 대화가 이루어지는 시민 공간을 만들어 보자는 것이 〈민주주의 2.0〉의 취지입니다. 주제를 정해 그 주제를 중심으로 문답, 토론, 연구 등을 깊이 있게 진행해 수준 높은 지식을 생산하고 이를 체계적으로 축적, 활용할 수 있도록 해 보자는 것입니다. 어떤 주제든 집중적이고 깊이 있는 대화를 거치면서 사실에 좀 더 가까이 갈 수 있고 지식의 깊이도 깊어질 것입니다.

(『봉화일기』 '노짱의 편지' 중에서)

3. 한영 번역 강의

> ① 〈민주주의 2.0〉은 시민들의 대화의 장입니다. ② 성숙한 민주주의의 핵심 가치는 '대화와 타협'이고 이를 위해서는 시민 사이의 ③ 소통이 한 단계 발전해야 합니다. ④ 소통의 양도 많아져야 하고 소통의 수준도 높아져야 합니다.

① **〈Democracy 2.0〉 is the chapter of dialogue between citizens.** ② **The core value of mature democracy is "dialogue and negotiation"** and communication between citizens should ③ **be developed one step higher.** ④ **The volume of communication should be greater and the level of communication should be higher.**

| 관련설명 |

– 원문에 주어가 〈민주주의 2.0〉이고 "시민들의 대화의 장"이라고 되어 있다고 그대로 영작하면 직역이지 번역이 아닙니다. 번역은 또 다른 글쓰기입니다. 우리말에 맞는 번역이 아니라 영어 구조와 표현에 맞게 번역해야 합니다.

이 문장은 앞의 병행 지문에서 정리한 ideas of grassroots are gathered using 〈democracy 2.0〉을 활용해 번역할 수 있습니다. "시민들의 대화의 장"은 '시민들의 의견이 모이는 곳'과 같은 의미이니 의미를 잘 살려 한영 번역합니다.

• 〈Democracy 2.0〉 is the chapter of dialogue between citizens. → Ideas of grassroots are gathered using 〈democracy 2.0〉.

– "성숙한 민주주의의 핵심 가치는 '대화와 타협'이고 이를 위해서는"의 학생 번역을 보면 "이를 위해서는"에 해당하는 부분이 누락되어 있습니다. 인과 관계가 사라져 버린 것입니다.

"이를 위해서는"을 풀어 보면 '핵심 가치인 대화와 타협을 이루기 위해서는' 의 의미입니다. 그러니 "대화와 타협"과 "이를 위해서는"을 별개로 번역할 것이 아니라 '대화와 타협을 이루기 위해서는' 으로 번역합니다. 그 후 대화와 타협이 민주주의의 핵심 가치이니 '민주주의의 핵심 가치' 는 동격 구조로 처리합니다.

• The core value of mature democracy is "dialogue and negotiation" → To develop dialogue and compromise, the integral value of a mature democracy

−원문의 "한 단계 발전해야 합니다" 에 해당하는 영어 표현은 'take+목적어 +to the next level' 입니다. 만약 "소통" 이 주어가 되면 수동형인 be taken to the next level로 쓰면 됩니다. 좋은 번역은 우리말을 직역하는 것이 아니라 그 상황에 맞는 영어 표현을 쓰는 것입니다. 번역을 하면서 적절한 영어 표현을 쉽게 떠올릴 수 있도록 좋은 영문들을 암기하는 지속적인 노력이 필요합니다.

• be developed one step higher → be taken to the next level

−"소통의 양도 많아져야 하고 소통의 수준도 높아져야 합니다"의 구조를 먼저 살펴보겠습니다. 우리말 그대로 '양' of '소통' is greater and '수준' of '소통' is higher로 번역하면, 당연히 안 되겠지요.
먼저 영어 구조를 생각할 때 우리말에 거듭 나오는 "소통"을 기계적으로 반복하여 번역할 것이 아니라 한 번만 쓰면서 의미를 제대로 전달할 수 있는 방법을 생각해 봅시다. 그런 다음에 번역할 문장을 분석해 보면 먼저 영어의

'형용사+명사' 구조를 이용하여 "소통의 수준이 높아져야 한다"를 "수준 높은 소통"으로 번역할 수 있을 겁니다.

• the level of communication should be higher → higher-level communication

이제 higher-level communication을 주어로 하여 서술어 부분을 만들어 나갑니다. "소통의 양도 많아져야 하고"가 남아 있습니다. 이 문장의 의미는 '소통이 활발하게 되어야 한다' 입니다. '~을 활발하게 하다'에 해당되는 동사로는 facilitate / enhance / improve / promote / speed up이 있습니다. 이 중 하나를 동사로 선택하고, higher-level communication을 주어로 수동형 문장을 만들어 봅시다.

• The volume of communication should be greater and the level of communication should be higher. → Higher-level communication should be actively facilitated.

참고로 '(소통)을 방해하다'에 해당하는 동사로는 prevent / disrupt / cut off / block / hamper / restrain 등이 있습니다.

| 수정번역 |

Ideas of grassroots are gathered using 〈democracy 2.0〉. To develop 'dialogue and compromise', the integral value of a mature democracy, communication among citizens should be taken to the next level. Higher-level communication should be actively facilitated.

우리 사회에는 미디어도 많이 있고 ① **인터넷 세계에도 많은 주장과 의견이** 넘치고 있습니다. 그러나 ② **기존의 미디어 세계는** 한쪽의 목소리가 너무 커 ③ **균형 있는 소통의 장이** 되지 못하고 있습니다. 인터넷 세계에서 ④ **많은 사람들이** ⑤ **자유롭게 말하고 있지만** 대부분 단순한 주장과 간단한 댓글 ⑥ **구조로** 되어 있어서, ⑦ **정보와 지식의 수준을** 향상시키는 데는 한계가 있습니다.

| 학생번역 |

Media is common in our society and ① **many arguments and opinions are superfluous in the Internet**. However, ② **the previous media world** is ③ **not the chapter of balanced communication** ② **because the voice of one side is too loud**. ④ **Many people** ⑤ **speak freely** in the Internet but ⑦ **there is a limit to improve the level of information and intelligence** because most of them ⑥ **are composed of** simple arguments and simple replies.

| 관련설명 |

– "인터넷 세계에도 많은 주장과 의견이 넘치고 있습니다."에서 "인터넷 세계에도"는 우리말 문장에서는 주어가 아니지만 영어 문장 구조에서는 주어입니다. 이런 구조적인 부분을 한눈에 파악하여 처리할 수 있다면 한영 번역을 보다 쉽게 해낼 수 있습니다.

비슷한 예로 "이 소식을 들은 대학생들이 대규모 시위에 나섰다."에서 '이'

가 붙은 "대학생들"을 주어로 하면 영어식 문장을 만들 수 없습니다. 이럴 때는 "이 소식"을 주어로 하여 '동사+대학생들(목적어)+나섰다+대규모 시위로' 핵심어를 재배치합니다. 그러면 This news provoked college students to stage massive protests.와 같이 번역할 수 있습니다.

위의 예와 같이 원문의 경우도 "인터넷 세계"를 주어로, "증가"를 목적어로, 그리고 그 사이에 적절한 동사인 see를 사용해 번역합니다. 이때 "많은 주장과 의견이 넘치고 있습니다."는 앞의 병행 지문에서 정리한 'increase in 주장+의견'의 구조를 활용해 'On-line spaces are seeing an increase in 주장+의견'으로 번역합니다.

• many arguments and opinions are superfluous in the Internet → on-line spaces are seeing an increase in opinions and arguments.

글이 의미하는 내용을 상상하면서 번역하기

한영 번역을 하다 보면 '이런 상황에서는 영어 구조를 어떻게 잡아야 하나?' 하고 고민되는 때가 있습니다. 한글 문장 자체가 좀 꼬여 있어서 고민하게 되는 경우도 있습니다. 그때는 문장이 의미하는 내용을 상상하면서 번역하면 됩니다. 예문을 들어 설명해 보겠습니다.

EX1 낚시를 떠난 후 배가 가라앉자 바다에서 30시간 이상 표류한 남성이 구조되었다.

설명 위의 문장이 "낚시 여행 중에 배가 가라앉아서 30시간 이상 바다에서 표류하던 남자가 구조되었다."처럼 명쾌한 문장이었다면 아마 문제가 없었을 겁니다. 그러나 위와 같이 애매모호한 문장을 번역해야 할 때가 분명 있습니다.

위 문장에서 고민이 되는 부분은 당연히 "낚시를 떠난 후 배가 가라앉자"입니다. 나머지는 '남자 / 표류 / 30시간 이상 / 바다 / 구조되었다'의 순서로 번역하면 됩니다. "낚시를 떠난 후 배가 가라앉자"를 글자 그대로 after they went on fishing and when the ship sank로 번역할 수는 없습니다. 이럴 땐 어떻게 번역해야 할까요?

문장 속에 담겨 있는 장면을 상상해 보는 것이 필요합니다. '남자가 표류를 했다. 언제 표류를 했지? 당연히 배가 가라앉은 후(after)지.' 하고 생각이 이어질 겁니다. 그러면 "낚시를 떠난 후"에도 after를 써야 하는데 어떻게 할까 고민이 생길 것입니다. "낚시를 떠난 후"를 한영 번역하려면 그 글자에서 벗어나 배가 가라앉았을 때 남자가 무엇을 하고 있었는지를 상상해 보면 됩니다.

최종적으로, 낚시를 하다가 배가 가라앉은 후 표류하는 상황을 묘사하는 문장으로 번역하면 됩니다.

 번역 A man adrift for more than 30 hours at sea was rescued after his ship sank **during** a fishing trip.

그런데 그 남자는 어떻게 구조되었냐고요? 그 다음 문장은 이랬습니다.

EX 2 그 남자는 해류에 떠밀려 인근 해안에서 구조되었다.

설명 남자가 떠밀려 간 곳이 해안이네요. 그곳에서 구조되는 장면을 상상해 본 후 그 장면을 묘사하여 번역해 봅시다.

번역 He drifted by the currents to shore **where** he was rescued.

―"기존의 미디어 세계는 한쪽의 목소리가 너무 커"에서 "기존의"에 해당하는 영어 표현을 생각해 봅시다. previous, past 등이 떠오르겠지만, 이 경우

딱 맞는 표현은 traditional입니다. "기존의"는 '이전의' 혹은 '과거의'가 아니라 '현재 존재하는'의 의미이기 때문입니다.

ex. Renewable energy companies overtake **traditional** energy companies.

재생 에너지 회사들이 **기존**의 에너지 회사들을 앞지르고 있다.

• the previous media world → traditional media systems

다음으로 "한쪽의 목소리가 너무 커"를 번역할 수 있는 이 상황에 맞는 영어 표현을 생각해 봅시다. 앞의 병행 지문에서 정리한 overrepresent를 활용합니다.

• because the voice of one side is too loud → because people tend to overrepresent themselves

– "균형 있는 소통의 장이 되지 못하고 있습니다."에서 "균형 있는"의 의미를 되새겨 보면 '참여하는 모든 사람의 의견이 다 반영되는'의 의미일 것입니다. 즉 현재의 인터넷은 모든 사람의 의견이 다 반영되도록 '공평'하게 운영되지 못하고 있다는 의미입니다. 그러니 우리말이 '균형 있는'이라고 하여 balanced라고 하지 말고 fair라고 하는 것이 더 정확하고 좋은 번역입니다. 그러나 모든 인터넷이 다 그렇지 않을 수도 있기 때문에 완화적인 의미에서 앞의 병행 지문에서 정리한 be not exactly를 활용해 번역하면 좋겠습니다.

• not the chapter of balanced communication → not exactly fair

– 우리말 원문 "많은 사람들이" 앞에는 연결어가 없습니다. 하지만 "～는 한계가 있습니다."로 끝나는 이 문장은 부정의 의미를 가지므로 서두에서 다음

에 오는 부정적인 내용을 암시해 줄 연결어를 추가하는 것이 좋습니다. 여기서는 unfortunately를 문장 앞에 추가하면 좋겠습니다.

우리말은 부사어를 많이 쓰지 않지만 영어는 많이 사용합니다. 부사어를 적절하게 잘 넣는 방법은, 일단 번역을 끝낸 후 다시 번역물을 읽으면서 앞뒤 관계를 생각해 필요한 부사어나 연결어를 추가하는 것입니다.

– "자유롭게 말하다" 를 speak freely로 번역하고 끝내면 안 됩니다. 이는 자신의 말을 일회용 접시에 담을 것인지, 본차나 접시에 담을 것인지를 결정하는 일과 같습니다. 번역은 회화가 아니기 때문에 번역한 표현을 다듬는 과정이 필요합니다.

여기서는 긍정문을 부정문으로 번역하는 방법을 활용해 다듬어 봅시다. "자유롭게 말하다" 는 '구속을 받지 않고 말하다' 는 뜻입니다. 이러한 의미로 번역해 봅시다.

• speak freely → voice their views without restriction

– "~구조로 되어 있어서" 를 그대로 be composed of로 하는 대신 숨은 의미를 파악하고 강조해야 문장에 힘이 생깁니다. 즉 인터넷에 올라오는 글이 '간단하고 짧은 특징이 있다' 는 숨은 의미에 중점을 두고 번역합니다.

• be composed of → be featured with

– "정보와 지식의 수준을 향상시키는 데는 한계가 있습니다." 에서 '한계가 있는 것' 의 주어는 '인터넷 세계' 입니다. 우리말은 영어와 달리 주어를 생략하는 경향이 있습니다. 이러한 차이를 염두에 두고 한영 번역을 해야 문장의

의미를 정확하게 전달할 수 있습니다.

그러니 "한계가 있습니다"를 there is a limit라고 번역하는 대신 무엇에 한계가 있는 건지를 문장 속에서 찾아야 합니다. 문장에 나온 주어 "인터넷 세계"를 찾았다면 그 다음으로는 "~데는 한계가 있습니다"에 해당하는 영어 표현을 찾아야 합니다.

문장의 나머지 '정보와 지식의 수준을 향상시키는 데'는 뒤집어서 '향상시키다+수준 of 정보와 지식'의 순서로 번역합니다.

• there is a limit to improve the level of information and intelligence
→ the Internet is limited in increasing the level of information and knowledge

---

우리말 문장에서 생략된 주어를 찾아 번역하기

영한 번역을 영어 원문 그대로 직역해 보면 특히 어색한 곳이 주어 부분입니다. 우리말은 주어를 생략하는 경향이 있기 때문이지요. 이런 특징은 한영 번역을 할 때 특히 번역사를 힘들게 합니다. 우리말을 보이는 구조 그대로 번역하면 의미 전달에도 실패할 뿐 아니라 감탄문이나 명령문을 제외하곤 영어식 문장 구조를 만들기조차 어렵습니다. 왜냐하면 영어는 주어를 꼭 써야 하기 때문입니다.

그러므로 우리말 문장을 무작정 번역하지 말고 문장의 주어에 해당하는 부분이 있는지, 생략되었는지를 먼저 따져 봐야겠습니다. 주어가 생략된 문장이라면 문장의 문맥을 파악하여 생략된 주어를 찾은 후 영어 구조를 생각하면 번역에 도움이 될 것입니다.

EX1 스타크래프트 리그에서는 우주의 지배권을 놓고 싸움을 벌입니다.

해설 이 문장을 번역하려면 '누가' 게임을 벌이는지 주어를 찾아야 합니다. 물론

players겠지요. 그러면 번역 순서는 '선수들 / 싸운다 / 우주의 지배권을 놓고 / 스타크래프트 리그에서'로 재정리할 수 있습니다.

번역 Players will battle one another over leadership of the space in the League of Starcraft.

EX2 밀워키의 비어 가든은 독일의 비어 가든에 있는 듯한 기분을 느낄 수 있다.

설명 먼저 생각해 볼 것은 '누가' 입니다. '누가', 즉 '손님들'을 찾아야 비로소 문장 구조를 만들 수 있습니다. 다음으로 "~는 듯한 기분을 느끼다"를 번역하는 데 필요한 표현입니다. 이는 'give 사람 the impression that~'으로 번역하면 됩니다.

번역 Beer gardens in Milwaukee give customers the impression that they are in a German beer garden.

EX3 국제통화기금(IMF) 총재가 공식 조사를 받고 있습니다. 기업가에게 특혜를 준 혐의입니다.

설명 두 번째 문장은 '누가'가 없습니다. '혐의를 받고 있는 사람이' 생략된 것입니다. 그 사람은 앞 문장에 나온 국제통화기금 총재이니 주어를 만들어 넣으면 번역이 가능합니다.

번역 The head of the IMF is under investigation. She was accused of granting favors to a businessman.

| 수정번역 |

In fact, our society has multi-media systems and on-line spaces are seeing an increase in opinions and arguments. However, traditional media systems are not exactly fair because people tend to overrepresent themselves. Unfortunately, the Internet is limited in increasing the level of information and knowledge because, even though internet users voice their views without restriction, most of them are featured with simple claims and brief replies.

① 자유롭게 대화하되, 깊이 있는 대화가 이루어지는 시민 공간을 만들어 보자는 것이 〈민주주의 2.0〉의 취지입니다. ② 주제를 정해 그 주제를 중심으로 문답, 토론, 연구 등을 깊이 있게 진행해 수준 높은 지식을 생산하고 이를 체계적으로 축적, 활용할 수 있도록 해 보자는 것입니다. 어떤 주제든 ③ 집중적이고 깊이 있는 대화를 거치면서 ④ 사실에 좀 더 가까이 갈 수 있고 지식의 깊이도 깊어질 것입니다.

| 학생번역 |

The concept of 〈democracy 2.0〉 ① **is to make citizens' space where they can have in−depth conversation while speaking freely**. ② **Centering on the topic, which is decided, people conduct Q&A session, debate and research profoundly and produce high−level knowledge to accumulate systematic knowledge and apply it**. Any topic will be ④ **close to the truth** ③ **through focused and in−depth dialogue** and ④ **the depth of knowledge will be displayed**.

-먼저 "자유롭게 대화하되, 깊이 있는 대화가 이루어지는 시민 공간을 만들어 보자는 것"의 영어 구조를 생각해 봅시다. "대화하되"와 "시민 공간을 만들어 보자" 중 더 강조해야 할 것은 후자입니다. '시민 공간을 만들고 그곳에서 자유로운 대화, 깊이 있는 대화를 하자'는 의미입니다.

여기서 주의할 것은, 우리말 표현은 '공간'이지만 인터넷을 통한 공간이니 cyberspace라는 표현이 좋습니다. 혹은 우리말 표현은 공간이지만 인터넷 상에서 서로 의견을 주고받는 "(소통) 과정"이라는 표현으로 대신할 수도 있습니다. 따라서 "인터넷 공간" 혹은 "과정"으로 번역해야 합니다.

• is to make citizens' space where they can have in-depth conversation → developing a process where citizens can carry out in-depth discussions

"자유롭게 대화하되"는 반복되어 나오는 표현으로, 앞에서는 without restriction으로 번역했습니다. 이번에는 변화를 주기 위해 형용사 unfettered를 써 봅시다.

• while speaking freely → through unfettered dialogues

-"주제를 정해 그 주제를 중심으로 문답, 토론, 연구 등을 깊이 있게 진행해 수준 높은 지식을 생산하고 이를 체계적으로 축적, 활용할 수 있도록 해 보자는 것입니다." 이 문장은 길기 때문에 번역에 들어가기 전에 원문을 영어 문장 구조로 재배열해야 합니다.

학생 번역인 Centering on the topic, which is decided~를 보면 원문을 직역해서 핵심이 부각되지 않고 있습니다. 문장을 가만히 들여다보면 "수준 높은 지식을 생산하고 축적해서 활용"하자는 것이 핵심임을 알 수 있습니다. 그리고 그 방법은 "문답, 토론, 연구를 깊이 있게 진행"입니다.

나머지 "주제를 정해 그 주제를 중심으로"는 문장의 어디에 배치하여 번역 해야 할까요? "주제(정해진)에 관한 수준 높은 지식을 생산, 축적, 활용하도록 하자"로 번역하면 되겠습니다.

그러면 번역에 들어가 봅시다. 먼저 '생산 / 축적 / 활용'의 번역 순서는 우리 말에 나온 순서가 아니라 영어 구조를 고려하여 가운데 동사를 마지막에 배 치합니다. 즉 generate('생산') more knowledge and apply('활용') it that has been accumulated('축적')의 어순으로 번역합니다.

• **produce** high-level knowledge to **accumulate** systematic knowledge and **apply** it → **eliciting** more sophisticated knowledge ~and **applying** the knowledge that has been systematically **accumulated**.

다음으로, 수준 높은 지식을 생산하기 위한 방법인 "문답, 토론, 연구 등을 깊 이 있게 진행"은 '~방법을 통해'의 구조로 through 다음에 오도록 합니다. 전치사인 through 다음에 목적어의 형태로 오기 위해서는 영어의 '형용사+ 명사' 구조를 활용해 "문답, 토론, 연구를 깊이 있게"를 '깊이 있는 문답, 토 론, 연구'로 번역합니다.

• people conduct Q&A session, debate and research profoundly → through intense Q&A sessions, heated debates and relentless research

-"집중적이고 깊이 있는 대화를 거치면서"를 주어로 번역해 봅시다. 앞에서 도 설명했듯이, 우리말의 '조건'이나 '이유' 등에 관한 구, 절은 영어의 무생

물 주어로 바꿔 번역할 수 있지요.

이 문장에서 핵심어는 "대화"이므로 나머지는 핵심어를 수식하는 구조로 번역합니다. 즉 "깊이 있는 대화에 집중하다"로 번역하면 되겠습니다. 이 말을 직역하면 focus on in-depth dialogues이니, 주어가 되려면 focusing on in-depth dialogues로 하면 되겠습니다.

여기서 영어식 구조를 만드는 팁을 한 가지 드리겠습니다. '앞에 나온 내용'을 통틀어 대신할 수 있는 단어를 넣어 문장을 만드는 방법입니다.

그 대표적인 예가 effort입니다.

ex. 에볼라 바이러스 환자가 급증하면서 정부에서는 여러 가지 조치를 취하고 있다. 이런 대책 중에는 비행기 탑승객을 한 명 한 명 조사하는 것도 포함된다.

In the wake of soaring Ebola patients, the government pushes forward with many measures. These **efforts** include screening each airline passenger on the plane.

이와 마찬가지로 "집중적이고 깊이 있는 대화를 거치면서"에 하나의 단어 efforts를 추가해 주어를 만들어 봅니다. 그러면 Efforts in concentrating on dialogues (on various topics)가 주어가 됩니다.

• through focused and in-depth dialogue → efforts in concentrating on dialogues

– "사실에 좀 더 가까이 갈 수 있고 지식의 깊이도 깊어질 것입니다."는 앞의 ③에 이어진 문장입니다. ③을 Efforts in~의 구조로 만들어 주어로 삼았으니 ④는 동사와 나머지 문장 구조로 번역합니다. "좀 더 가까이 갈 수 있고"

의 영어 표현은 'bring+목적어+closer to' 입니다.

• close to the truth → bring us closer to the truth

이 표현을 활용해 '그런 노력이 우리를 사실과 깊은 지식으로 좀 더 가까이 데리고 갈 것' 이라는 의미 구조로 번역합니다. 한 발 더 나아가 이 문장은 결론에 해당되므로, 원문에는 없지만 의미를 강조하는 연결어 indeed를 추가해 문장을 시작해도 좋습니다.

• Any topic will be close to the truth through focused and in-depth dialogue and the depth of knowledge will be displayed. → Indeed, efforts in concentrating on dialogues on various topics will bring us closer to the truth and contribute to obtaining profound knowledge.

| 수정번역 |

〈Democracy 2.0〉 aims at developing a process where citizens can carry out in-depth discussions through on-going unfettered dialogues. It is dedicated to eliciting more sophisticated knowledge on topics presented through intense Q&A sessions, heated debates and relentless research and applying the knowledge that has been systematically accumulated. Indeed, efforts in concentrating on dialogues on various topics will bring us closer to the truth and contribute to obtaining profound knowledge.

문장(절)을 주어로 만들기

우리말 문장을 영어로 옮길 때 우리말에서 길게 이어진 하나의 구나 절은 무생물 주어로 하고, 나머지 절은 동사+목적어의 구조로 합니다.

🔲 러시아 정부가 우크라이나 지역 안정화에 적극적으로 나서지 않자 미국은 러시아에 제재를 가했습니다.

🔲 위 문장에서 "러시아 정부가 ~ 나서지 않자"를 as절로 옮길 것이 아니라 그 전체를 무생물 주어로 만듭니다. 먼저 핵심어는 '러시아 정부 / 적극적으로 나서지 않는 (태도) / 안정화 /우크라이나 지역' 입니다.

순서대로 살펴보면 먼저 "적극적으로 나서지 않는"을 우리말 부정문을 영어 긍정문으로 번역하는 방법을 활용해 "적극적으로 나서지 않는"을 "미온적인"으로 번역합니다. 그 다음 생각해야 할 것은 "안정화"와 "우크라이나 지역"의 관계입니다. 러시아 정부가 우크라이나 지역을 안정화시키는 것인지, 우크라이나 지역이 스스로 안정화시키는 것인지 문맥의 의미를 살펴봅시다.

그러면 "우크라이나 지역을 안정화시키는 데 대한 러시아 정부의 미온적인 태도"가 주어가 됩니다. 이에 적절한 영어 표현을 찾아 Russia's lukewarm attitude toward stabilizing Ukraine으로 번역합니다.

나머지 "미국은 러시아에 제재를 가했습니다."에서는 '미국'이 주어인 양 보이지만, 영어로 번역할 때는 '러시아 정부'가 주어가 되고 '미국'은 목적어가 됩니다. 즉 러시아 정부의 태도가 미국을 'to 부정사' 이하를 하도록 만든다는 문맥으로 번역됩니다. 자, 그러면 '러시아' (주어)와 '미국' (목적어) 사이에 적절한 영어 동사를 넣어 번역해 봅시다.

📖 Russia's lukewarm attitude toward stabilizing Ukraine induced the U.S. to impose sanctions on it.

4. 기고문 등의 글에서 자주 나오는 표현

1| 일본과의 아픈 **역사를 바로잡아야 한다.**

Painful **history** with Japan **should be resolved.**

2| 그런 관습을 **사회적 통념**으로 받아들이세요.

Accept that practice as **conventional wisdom.**

3| 주식시장의 변동성은 다른 연계 산업에도 **파급 효과가 있다.**

Stock market volatility has **rippled into** related businesses.

4| **고정관념에 사로잡혀** 사회학자들이 새로운 현상을 설명하지 못한다.

Trapped by one's stereotype, socialists can't explain a new phenomenon.

5| 잠수부들이 현장으로 복귀할 것이라는 관계자들의 **말을 인용했다.**

Officials **were quoted as saying that** divers prepared to return to the scene.

6| 요즘은 **시대에 뒤떨어지기가 쉽다.**

People are likely to **fall behind the times** these days.

7| 미국의 역사를 **생생하게 보여 주는** 그림이 몇 점 있다.

There are several paintings that **bring** American history **to life.**

8| **문화적으로 소외된 사람들**에게 이런 박물관은 낯설다.

The culturally-deprived are unfamiliar with this museum.

9| 지금껏 있었던 일을 생각해 보고 싶다.

I want **to take stock of our journey**.

10| 항구한 문화유산을 아끼고 보존해야 한다.

We should cherish and preserve **the enduring cultural legacy**.

11| 권익단체의 보고서가 발간되었다.

A report from **an advocacy group** was released.

12| 나는 외국에서 25년 이상을 살고 있다.

I have been **an expatriate** for more than 25 years.

13| 그 시스템은 다양한 문화를 결합시키는 매개체가 되었다.

The system has become **a vehicle for bringing** different cultures **together**.

14| 건전한 사회 풍토를 조성하는 데 전력해야 합니다.

We need to concentrate on **creating** a sound s**ocial climates**.

15| 긴급 구조원들이 이것저것 따지지 않고 사건 현장에 몰려들었다.

First respondents **scrambled to the tragic scene without a second thought**.

16| 이번 사건은 많은 사람에게 경각심을 일깨워 주었다.

This disaster **served as a wake-up call to** many.

17| 행사를 기념하기 위한 소박한 기념식이 있었다.

A small ceremony was held to **mark the occasion**.

18| 그녀가 대통령에 출마한다고 아직은 말할 때가 아니다.

It is premature to say that she will run for the President.

19 | **사회적 화합**을 구축할 때다.

It's time to cultivate **social cohesion**.

20 | 지금으로서는 **피해를 최소화하는 게** 최선입니다.

The best I can hope for now is **damage control**.

5. 총정리

번역을 하는 방법은 크게 두 가지입니다. 직역과 의역입니다. 영한 번역의 경우, 직역을 해도 무리가 없는 문장도 있지만 대부분은 우리말 구조와 표현으로 의역을 해서 독자의 이해를 돕습니다.

　마찬가지로 한영 번역도 두 가지 방법이 있습니다. 직역과 의역입니다. 한영 번역도 의역을 해서 독자의 이해를 돕는 것이 필요합니다. 물론 의역에 앞서 영어 구조와 표현에 익숙해져야겠지요. 또 직접 대화하는 경우도 그렇겠지만 글을 쓸 때에는 더욱더 그 글이 쓰인 상황에 맞추어 번역해야 합니다.

　"그 일을 성사시킨 것은 그 사람 덕분이다."라는 문장이 있습니다. 만약 대화를 하는 중이라면 thanks to를 이용해 Thanks to him, the deal was sealed.라고 말할 수 있습니다. 하지만 글을 번역하는 중이라면 be credited with를 이용해 He was credited with the deal.이라고 써야 합니다.

　번역이나 통역을 잘한다는 것은, 상황에 맞는 표현들을 잘 사용한다는 의미입니다. 여기서 "인터넷에서도 많은 의견이 넘쳐 나고 있다."를 'an increase in+명사' 표현을 이용해 The internet is seeing an increase in many opinions.로 번역해 보았습니다. 또 "자유롭게 말하다"라는 긍정문을 부정문으로 한영 번역하는 방법을 이용해 "구속 없이 말하다", 즉 speak without restriction이나 unfettered(구속 없는)으로 바꾸어 번역했습니다.

표현 면에서는 "한 단계 발전해야 한다"를 take ~ to the next level, "기존의 미디어 세계"는 traditional media systems 등으로 번역했습니다.

적재적소에 알맞은 표현을 사용할 수 있으려면 영문을 보면서 늘 관찰하고 정리하고 암기해야 합니다.

하루가 즐거운
Punchline

"도서관이 몇 시에 엽니까?"라고 어떤 남자가 전화로 물었습니다.

"아침 9시에 여는데요."라고 대답한 후 "한밤중에 집으로까지 전화해서 그걸 묻는 이유가 뭡니까?"라고 사서는 어이없어했습니다.

그 남자는 "9시나 돼야 연다고요?"라고 힘없는 목소리로 말했습니다.

"그래요, 9시 전에는 안 열어요!"라고 사서가 발끈한 후 "9시 전에 도서관에 들어오려는 이유가 뭡니까?"라고 되물었습니다.

그 남자는 "누가 들어간대요? 나가려고 그러죠."라며 긴 한숨을 내쉬었습니다.

"What time does the library open?" the man on the phone asked.

"Nine A.M." came the reply. "And what's the idea of calling me at home in the middle of the night to ask a question like that?"

"Not until nine A.M.?" the man asked in a disappointed voice.

"No, not till nine A.M.!" the librarian said. "Why do you want to get in before nine A.M.?"

"Who said I wanted to get in?" the man sighed sadly. "I want to get out."

03

논문

1. 병행 지문

영한 논문 지문을 먼저 보면서 한영 번역 시 활용할 수 있는 영어 구조와 표현을 학습하겠습니다.

EX1 Using Virtual Classrooms: Student Perceptions of Features in an Online and a Blended Course

Abstract: **The growth in** online enrollment has **exceeded** the overall growth in higher education **tenfold. Based on the responses from** 2500 colleges and universities, U.S. higher education students were **taking** at least one online **course.** Virtual classrooms **are learner—centered environments** that **enable** students and instructors **to** communicate synchronously using audio or, video **equipment**. These features enable **faculty and students** to interact **as if** they **were face to face** in a classroom. **The interactive nature of the virtual classroom addresses the main challenges** found in distance education, namely student involvement.

(http://jolt.merlot.org/vol6no1/parker_0310.htm)

📖 온라인 교육 활용: 온라인 수업과 혼합형 수업에 대한 학생들의 인식

초록: 온라인 교육의 성장이 대학 교육을 열 배나 앞서고 있다. 2500개의 단과대학 및 종합대학을 대상으로 한 조사에 따르면 미국 대학생들은 한 과목 이상을 인터넷으로 수강한 것으로 밝혀졌다. 온라인 수업에서 학생과 교수는 오디오와 비디오 장비를 이용해 소통이 가능하다. 그 결과 교수와 학생은 교실에 같이 있는 것처럼 컴퓨터상에서 대화가 가능하다. 이런 기계 덕분에 온라인 수업의 단점이었던 학생들의 수업 참여도 문제가 해결되었다.

번역에 유용한 구조

−enable 목적어 to 동사: 목적어가 ~할 수 있다

−as if 주어 were: 현재 사실을 가정: 마치 ~하듯이

−the interactive nature of the virtual classroom addresses the main challenges: 부사절 "온라인 수업에서 상호 작용이 가능해졌기 때문에"를 영어에서는 "상호 작용 가능 of 온라인 수업"이라는 무생물 주어로 바꾸어 쓸 수 있다.

번역에 유용한 표현

-the growth in~: ~의 증가 / 성장

-A exceed B tenfold: A가 B를 10배 넘어섰다

-based on the responses from~: ~에 대한 설문 조사에 따르면

-take ~ course: 수강하다

-be learner-centered environment: 학습자 중심이다

   cf. 정보 중심 사회(information-centered society) / 소비자 중심 상품

   (consumer-centered products) / 사용자 중심 연구(user-centered research)

-equipment: 장비: a / an과 같이 쓸 수 없고 복수형을 만들 수 없는 불가산

   명사이다. 하지만 같은 의미의 devices는 복수형이 가능하다.

-be face to face: 대면하다

불가산 명사와 가산 명사

우리말	불가산 명사	가산 명사
과제	homework	assignments
어휘 / 속어	vocabulary / slang	words / expressions
증거	evidence	proofs
승무원 / 선원 / 촬영팀	crew	crew members
편지	mail	letters
요원	personnel / staff	assistants
여행	travel	journeys
유리	glass	a glass
숙박 시설	accommodation	a place to stay
진행	progress	an advance
홍보	publicity	an advertisement

그 외 불가산 명사로 permission / fruit / traffic / rice / wheat / spaghetti가 있습니다.

-address the main challenge: 심각한 문제를 해결하다

EX2 The Effects of Climate Change on Animal Species

Abstract: The current global warming trend is **causing** physical and biological **changes to occur throughout the entire planet**. Animal species can only survive within specific ranges of climatic and environmental factors. If conditions change **beyond the tolerance of** species, then animals may **exhibit** ecological **responses to** these changes. **The threat of extinction to species** who are unable to adapt or have **limited habitats is expected to increase with climatic changes**, and **the extinction of some species** has already been directly **linked to climate change**. Arctic and marine ecosystems are **undergoing** physical environmental **changes** that are effecting the species that **inhabit** them.

(kanat.jsc.vsc.edu/student/swift/mainpage/htm)

번역 기후 변화가 동물에 미치는 영향

초록: 현재 진행되는 기후 온난화 현상으로 지구 전역에 걸쳐 자연 및 생물 변화가 초래되고 있다. 동물이 생존할 수 있는 기후와 환경 범위는 정해져 있고 그 범위를 넘어서게 되면 동물은 생태 변화에 영향을 받게 된다. 달라진 변화에 적응할 수 없거나 서식지가 줄어들면서 동물종이 기후 변화로 인해 멸종될 가능성은 커지고 실제 몇몇 생물종이 멸종되기도 했다. 북극과 해양 생태계에 서식하는 동물종이 피해를 입는 환경 변화가 일어나고 있다.

번역에 유용한 구조

-cause ~ changes to occur: 변화가 일어나게 하다

-throughout the entire planet: 지구 전역에 걸쳐

-The threat of extinction to species ~ is expected to increase: 영어 구조인 '주어 위험 of 멸종 to 생물종'을 우리말로 번역하면 "생물종이 멸종될 위험"이다.

-the extinction of some species is linked to climate change: 무생물 주어 문장: "어떤 생물종이 기후 변화 때문에 멸종되었다."에서 "생물종"과 "멸종"은 서로 떨어져 있지만 그 의미를 파악해 보면 '생물종의 멸종'이 된다. 이런 구조를 파악하면 한영 번역을 할 때 무생물 주어를 가진 영어 구조로 번역할 수 있다.

번역에 유용한 표현

-beyond the tolerance of~: ~의 한계를 넘어서

-entire: 전체의

  cf. 그 외에 다음과 같이 다양한 뜻으로 쓰인다.

  1) The police searched for the **entire** house.

    경찰이 집 안 **곳곳**을 수색했다.

  2) He deserves my **entire** confidence.

    그는 나의 **전폭적인** 신뢰를 받을 만하다.

  3) The **entire** process takes an hour and a half(=one and a half hours).

    이 과정은 **전부** 한 시간 반 걸립니다.

4) Make eye contact through the **entire** speech.

　발표 **내내** 아이컨택을 하세요.

5) I didn't see the **entire** movie.

　영화를 **끝까지** 보지 못했다.

−exhibit the response to=respond: 반응하다: respond가 명사형으로 바꾸면서 동사 자리에 exhibit이 온다.

−with climate change: 기후 변화에 따라

−undergo~ change: 변화하다: change가 명사형으로 쓰이면 동사 자리에 undergo가 온다.

−limited habitats: 서식지가 줄어들다

1) inhabit: 서식하다

ex. Some of the rare species **inhabit** the area.

　몇몇 희귀종이 이 지역에 **서식한다**. (전치사를 쓰지 않는다는 점에 주의해야 한다.)

2) habitat: 서식지

ex. The panda's natural **habitat** is the bamboo forest.

　팬더의 천연 **서식지**는 대나무 숲이다.

EX3 Korean *Sijo*

Abstract: **This paper will explore** the Korean verse form of *Sijo*: its history, form, cultural implications, examples, and famous ***Sijo*** **practitioners**. After analyzing and exploring the unique features of *Sijo*, the students will then investigate the translation aspect of *Sijo*.

Because it is a **poetic form native to Korea**, the majority of *Sijo* is written in Korean, so must be translated for non-Korean speaking audiences. By examining different translations of the same poem, students will **gain a better understanding of** the complexities of translating **and a deeper appreciation for** the subtlety of language—both its **denotations and connotations**. In addition, through this activity, the students will **gain hands-on experience of** the *Sijo* form through writing their own, as well as trying their hand at translating and writing Korean.

(Amy Stoltenberg, Indiana University, 2010)

🔲 한국 시조

초록: 본고에서는 한국의 운문인 시조의 유래, 형식, 문화적 함의, 여러 유형 및 유명 시조 시인에 대해 고찰해 보고자 한다. 먼저 시조 고유의 특징을 분석하고 고찰한 후 학생들이 시조의 번역 방식에 대해 조사하도록 한다. 시조는 한국 고유의 운문 형식이기 때문에 시조의 대부분이 한글로 쓰여 있어서 외국인이 감상하기 위해서는 번역이 필수다. 동일한 시조에 대한 여러 번역을 살펴보면서 학생들은 번역의 어려움에 대해 공감하며 '외면의 의미'와 '내면의 의미'를 포함한 미묘한 언어 차이를 심층적으로 이해하게 될 것이다. 또한 이런 학습을 통해 학생들이 한국어로 번역하고 써 보는 것뿐만 아니라 직접 시조를 지어 보는 등 시조 체험을 하게 될 것이다.

번역에 유용한 구조

−This paper will explore~: 논문 서두에 흔히 쓰이는 문장으로 '이 논문에서는 ~을 알아보고자 한다' 는 의미입니다. 논문은 사람이 아니라 보통 This paper, The study, The research 등을 주어로 합니다.

번역에 유용한 표현

−*Sijo* practitioners: 시조 시인: '시조' 는 외래어이므로 이탤릭체로 표기한다. 그리고 책이름도 이탤릭체로 표기한다.

−poetic form native to Korea: 한국 고유의 운문 형식

−gain a better understanding of~ and a deeper appreciation for~: ~에 대한 이해를 높이고 ~에 대한 인식을 깊게 하다

−denotation and connotation: 외면의 의미 및 내면의 의미

　cf. denotation의 사전적 의미는 '명시적 의미', 즉 글자 그대로의 의미이고 connotation은 '함축적 의미', 즉 글자에서 연상되는 의미이다. 예를 들어 "뱀" 이라는 단어의 명시적 의미는 '몸이 가늘고 긴 파충강 뱀과에 속하는 동물' 이다. 그러나 "그 사람은 뱀과 같은 존재다" 라고 할 때 이것은 신체의 생김을 말하는 것이 아니다. 뱀이 갖고 있는 함축적 의미, 즉 '에덴 동산에서 아담을 유혹한 사악함' 을 의미이다.

−gain hands−on experience of: 직접 경험하다

🔍 우리나라의 시조에 대해 이야기하다 보니, 17세기 영국 시인 조지 허버트(George Herbert)가 생각납니다. 그는 자신이 다루는 시의 소재 모양으로 시를 썼습니다. 예컨대 '제단 (The Altar)' 이라는 시는 제단 모양을 띠고 있습니다.

The Altar

A broken ALTAR, Lord thy servant rears,

Made of a heart, and cemented with teares:

Whose parts are as thy hand did frame;

No workmans tool hath touch'd the same

A HEART alone

Is such a stone,

As nothing but

Thy pow'r doth cut.

Wherefore each part

Of my hard heart

Meets in this frame,

To praise thy Name:

That if I chance to hold my peace,

These stones to praise thee may not cease.

O let thy blessed SACRIFICE be mine,

And sanctifie this ALTAR to be thine.

그 시대의 유명한 시인 존 던(John Donne), 벤 존슨(Benn Johnson)과 더불어 그를 기억

하게 하는 것은, 시에 시각적 아이디어를 더한 그의 시도가 인상적이기 때문일 겁니다.

자신만의 아이디어를 더하는 것이 다른 사람과의 차이를 만듭니다.

That makes you distinguish yourself from others.

2. 한영 번역 지문

논문은 초록으로 시작됩니다. 초록은 논문의 연구 목적, 연구 방법, 연구 대상, 연구 결과물, 해당 분야에 대한 연구 기여도 등을 적은 글입니다. 저자에 따라 초록을 먼저 쓰고 그에 따라 논문을 쓰는 경우도 있고, 논문을 완성한 후 그에 따라 초록을 쓰는 경우도 있습니다.

여기서는 논문의 초록 일부를 제시하고 한영 번역 강의를 해 보겠습니다.

〈우리나라 고등학교 인터넷 교육 방송 활용 현황 분석 및 개선 방안〉
연구의 결과에 따른 결론은 다음과 같다.
첫째, 먼저 지역 교육청에 좀 더 빠른 회선을 구축하고 단위 학교에서 제작된 콘텐츠를 교육청별로 데이터베이스화하는 것이 중요할 것이다. 이를 전체 교육청의 네트워크로 연결하여 전국 학교에서 인증된 콘텐츠를 사용자들이 모두 검색하여 이용할 수 있도록 하는 것이 바람직할 것이다. 이렇게 함으로써 콘텐츠의 중복 제작도 막을 수 있고, 저작권에도 위배되지 않으며, 나아가 평생교육을 위한 밑거름이 될 수 있을 것으로 보인다.

(장윤정, 석사논문, 2004)

〈기후 변화 영향에 따른 산업별 취약성 분석과 적응 방안〉
20세기 초반부터 온실가스 배출량이 급격히 증가하면서 지구온난화가 가속화되었다. 이와 같은 지구온난화는 기후 변화를 일으키게 되고 이러한 기후 변화는 동식물에게 뿐만 아니라 다시 인간이 생활하고 사회 활동을 하는 데 있어 피드백되어 영향을 미치게 되었다. 지구온난화와 같은 기후 변화에 따라 열대지방의 동식물들은 생존 범위와 개체의 수가 증가하는 반면, 그 외의 일반적인 동식물들은 생육에 있어 삶의 터전이 변화되거나 축소되고 이로 인해 생존까지 위험해지는 결과를 초래하게 되었다. 동식물들의 삶과 생존의 변화는 이러한 것들을 이용하고 이러한 것들과 더불어 살아가는 인간의 삶과 환경에도 변화를 가져오게 되었고 영향을 받게 되었다.

(전현직, 석사논문, 2011)

〈시조의 외국어 번역에 관한 시론〉
본고에서는 시조의 번역에 있어 의미화의 직접적 매개라고 할 수 있는 시적 감성의 정확한 전달에 필요한 번역 방식을 논의하고자 하였다. 시조를 번역하는 데 있어 그 형식적 요소를 규제해야 한다는 점만은 분명한 듯 보인다. 이러한 규제가 특히 현대 시조를 창작하고 비평하는 한 가지 기준이 된다면 번역은 장차 더욱 쉬운 작업이 될 수도 있을 것이다. 그런 이유로 시조의 번역을 제안하면서 몇 가지 전제와 요건을 다음과 같이 논의하였다.

(조태성, 학술논문, 2012)

3. 한영 번역 강의

① 〈우리나라 고등학교 ② 인터넷 교육 방송 ③ 활용 현황 분석 및 개선 방안〉
④ 연구의 결과에 따른 결론은 다음과 같다.
첫째, 먼저 지역 교육청에 좀 더 빠른 회선을 ⑤ 구축하고 단위 학교에서

제작된 콘텐츠를 교육청별로 ⑤ **데이터베이스화하는 것이 중요할 것이다.** 이를 전체 교육청의 ⑥ **네트워크로 연결하여** 전국 학교에서 인증된 콘텐츠를 ⑥ **사용자들이** 모두 ⑥ **검색하여** ⑥ **이용할** 수 있도록 하는 것이 바람직할 것이다. ⑦ **이렇게 함으로써 콘텐츠의 중복 제작도 막을 수 있고, 저작권에도 위배되지 않으며, 나아가 평생교육을 위한 밑거름이 될 수 있을 것으로 보인다.**

| 번역사례 |

③ **Analysis of the present practical use and the improvable plan about** ② **Internet educational broadcasting** in ① **Korean high school**

④ **A conclusion along the results of this study** is as follows. First, ⑤ **we have to establish** the faster circuit in the local office of education, and ⑤ **construct the database**, which from the contents made a teach school, in the office of education unit, and then ⑥ **connect this database to the network** of the whole office of education. So, ⑥ **those who have the certification can search** all this information and **use** freely all over the country. ⑦ **This is a good way to prevent duplicated contents manufacture and violation the copyright, furthermore this is a good step for the lifelong education.**

- "학교"는 가산 명사지만 제목에서는 관사를 생략할 수 있습니다. 영자 신문을 읽다 보면 이런 경우를 흔히 볼 수 있습니다. SCHOOLBOY WALKS IN SPACE의 경우에도 문법에 맞는 정확한 표현은 A SCHOOL BOY WILL WALK IN SPACE입니다. 기사 제목에서는 관사를 생략하고 현재형이 미래를 대신합니다. 따라서 하나의 학교를 가리키는 것이라면 이 번역은 맞습니다. 그러나 초록 내용을 보면 전국의 학교를 대상으로 하기 때문에 복수형으로 쓰는 것이 맞습니다.

• Korean high school → Korean high schools

- "인터넷 교육 방송"은 "방송"이라는 단어를 굳이 쓰지 않아도 인터넷 자체가 방송 수업이니, 영어 표현인 Internet-Based Education(인터넷 교육)으로 번역합니다. 그리고 "인터넷"은 소문자로 표기되는 경우도 있으나 대문자 표기가 원칙입니다.

• Internet educational broadcasting → the Internet-Based Education

참고로 education은 불가산 명사이므로 a / an을 함께 쓸 수 없습니다. 예를 들면 관사 없이 private education(사교육), public education(공교육)으로 쓰입니다. 다만 mental activity를 나타내는 불가산 명사는 형용사와 함께 쓰일 때 a / an을 사용할 수 있습니다.

1) We need a secretary with a first-class knowledge of German.
   독일어가 유창한 비서가 필요하다.
2) The child showed a surprising understanding of adult behavior.

그 아이는 어른의 행동을 아주 잘 이해한다.

3) My parents want me to have a good education.

우리 부모님은 내가 좋은 교육을 받기를 바라신다.

– "활용 현황 분석 및 개선 방안"에서 "활용 현황"은 그 의미를 풀어서 "현재의 활용하는 사용법"으로 번역했습니다. 그런데 번역은 의사소통만을 목적으로 하는 것이 아니므로 그 상황에 맞는 정확한 영어 표현을 찾아야 합니다. "사각지대"를 "어느 위치에 섰을 때 사물을 보지 못하게 되는 각도"로 번역하지 않고 blind spot으로 번역해야 한다는 뜻입니다. "활용 현황"에 해당되는 영어 표현은 status quo입니다.

"개선 방안"도 글자 그대로 번역하였습니다. 하지만 영어 문장에서는 "개선"만으로 충분합니다. 그리고 제목에서는 '~에 관한'을 뜻하는 단어로 about이 아닌 on을 사용합니다. about 앞에는 a conversation about history처럼 "대화" 등 일상적인 단어가 오고 on 앞에는 a lecture on history처럼 "강의" 등 공식적인 단어가 옵니다.

"활용 현황 분석 및 개선 방안"은 "인터넷 교육 방송"의 세부 사항이니 콜론(:)을 이용해 가독성을 높여 주는 것이 좋습니다. 이렇게 제목에 주제와 관련 내용을 구별하여 적는 방법은 영어의 기사 제목에서 많이 볼 수 있습니다.

ex. MOTORWAY CRASH: DEATH TOLL RISES

자동차 사고 발생: 희생자 늘어나

참고로 이전에는 제목은 모든 글자를 대문자로 썼습니다. 하지만 최근에는 눈의 피로를 줄이고 가독성을 높이기 위해 단어의 첫 글자만을 대문자로 씁니다.

• Analysis of the present practical use and the improvable plan about
→ Analysis of ~: Its Status Quo And Subsequent Improvement

– "연구의 결과에 따른 결론"에는 의미 중복이 있습니다. 이 문구를 그대로 영어로 번역하면 전달하려는 의미도 분명하게 드러나지 않고 영어 구조가 만들어지지 않습니다. 그러므로 우리말을 먼저 정리한 후 번역해야 합니다. "연구의 결과에 따른 결론"은 연구 결과에서 얻은 결론, 즉 "연구의 결론"으로 번역하면 되겠습니다.

  ex. 아이의 아버지는 아이를 위험에 빠뜨린 **혐의**가 적용되어 중범죄 **혐의**로 체포되었습니다.

  The child's father was apprehended on felony charges for child endangerment.

  우리말에는 "혐의"가 두 번 나와도 어색하지가 않습니다. 하지만 영어는 다릅니다. 중복을 피해 "아이를 위험에 빠뜨렸기 때문에 중범죄 혐의로 체포되었다."로 번역해야 합니다.

• A conclusion along the results of this study → Outcomes of the Study

– "~를 구축하고 ~데이터베이스화하는 것이 중요할 것이다."를 영어 구조로 바꾸면 "~를 데이터베이스화하기 위해 ~의 구축이 필요하다."입니다. 이처럼 영어에서는 동사가 2개 연이어 나올 때 뒤의 동사가 목적의 의미를 갖는 부정사로 바뀌는 경우가 많습니다.

  ex. 오바마 대통령이 방한해서 선진 8개국 정상회담에 참석했다.

President Obama came to Korea to attend G8 summit.

먼저 "~을 구축하고"를 영어로 옮길 때는 be in (urgent) need of를 활용합니다.

• we have to establish → we are in urgent need of building

다음으로 "~데이터베이스화하는 것이 중요할 것이다"는 문장의 마지막에 나오는 동사이니 위의 예문처럼 "데이터베이스화하기 위해"로 번역합니다.

• construct the database → to create databases

– "이를 전체 교육청의 네트워크로 연결하여 사용자들이 (전국 학교에서 인증된 콘텐츠를 모두) 검색하여 이용할"의 영어 구조는 '전체 교육청의 네트워크에 데이터베이스(앞에 나온 database를 them으로)를 연결 (Connecting them to networks of nationwide local Ministries of Education)+allows+사용자들+to search and use' 입니다.

• connect this database to the network ~ those who have the certification can search~ use → Connecting them to networks of ~ will allow netizens to search and use them

– "이렇게 함으로써"는 앞에 있는 내용을 다 받는 표현입니다. 이와 비슷한 대명사는 아니지만, 대명사처럼 쓰이는 영어 표현들이 있습니다. 앞에 나온 명사에 따라 이를 받는 대명사가 he, she, it, we, you, they로 달라지듯 앞에 나온 내용에 따라 이러한 표현도 달라집니다.

ex. New Oreleans installed recycling containers for smokers to use to discard their cigarette butts. It is the first city in the U.S. to adopt **the attempt**.

위의 예문에서 the attempt는 뉴올리언스 시가 재활용 목적을 위해 흡연자들이 담배꽁초를 버릴 곳을 설치했다는 내용 전체를 받는 대명사 역할을 하고 있습니다. 이런 종류의 단어를 영문에서 관찰하고 암기하면 번역을 할 때 큰 도움이 될 것입니다.

앞에서 인터넷 교육에 대한 정책을 언급했으니 This보다는 This policy로 앞의 내용을 받아 This policy~의 영문 구조를 만들 수 있습니다.

다음으로 "콘텐츠의 중복 제작도 막을 수 있고, 저작권에도 위배되지 않으며"는 번역하기 전에 약간의 문장 정리가 필요합니다. "막을 수 있고"가 "위배되지 않"도록 하는 것에도 의미상 연결되기 때문입니다. 그러니 "콘텐츠의 중복 제작과 저작권 위배를 막을 수 있다"로 문장을 정리한 다음 번역에 들어가는 것이 좋습니다.

• prevent duplicated contents manufacture and violation the copyright → prevent duplicate production of contents and infringement of copyright

마지막으로 "평생교육을 위한 밑거름이 될 수 있을 것으로 보인다."를 번역해 봅시다. 여기서 목적어는 "평생교육"입니다. 그러니 다음으로 생각해 볼 것은 "밑거름이 될 수 있을 것으로 보인다."라는 문장 전체를 아우를 수 있는 동사를 찾는 것입니다. 이 문장을 "평생교육을 개발하는 데 일조한다."로 번역하면 어떨까요?

• is a good step for the lifelong education → help to develop a lifetime education

이처럼 한영 번역을 할 때는 서술어 부분 전체를 다 번역하지 말고 이를 아우를 수 있는 적절한 영어 동사를 찾아야 합니다.

ex. 시민들은 교육 정책에 대해 **부정적인 시각을 드러냈다.**

The public **criticized** educational policies.

참고로 develop은 '개발 / 계발하다' 외에 다른 의미로도 많이 쓰입니다.

develop의 다양한 용법을 조금 살펴볼까요?

1) 그가 이 아이디어를 **살렸다.**

He was credited with developing the ideas.

2) 그가 근육을 **키우고 있다.**

He has developed his muscles.

3) 아이가 정상으로 **성장하고 있다.**

The child is developing normally.

4) 수년에 걸쳐 관계가 **발전했다.**

Their relationship has developed over a number of years.

5) 그녀는 이론을 자세히 **전개했다.**

She developed her theory fully.

6) 그가 천식에 **걸렸다.**

He developed Asthma.

7) 그 차에 엔진 문제가 **생겼다.**

The car developed engine trouble.

8) 조치를 취하기 전 상황이 어떻게 **전개될지** 주시할 시간이 좀 더 필요하다.

We need more time to see how things develop before we take action.

9) 필름을 **현상했다.**

I had the film developed.

10) 대회 주최자는 이번 대회를 통해 젊은 세대가 과학에 흥미를 **느낄 수 있기**를 희망합니다.

The organizers hope that the event encourages young people to develop an interest in science.

| 수정번역 |

Analysis of the Internet-based Education in Korean High Schools: Its Status Quo And Subsequent Improvement

Outcomes of the Study

First, we are in urgent need of building faster circuits in local Ministry of Education to create databases of contents provided by local students. Connecting them to networks of nationwide local Ministries of Education will allow netizens to search and use them. This policy eventually will serve to prevent duplicate production of contents and infringement of copyright and help to develop a lifetime education.

기후 변화 영향 ① **에 따른** 산업별 취약성 분석과 적응 방안

20세기 초반부터 ② **온실가스 배출량이 급격히 증가하면서** ③ **지구온난화가 가속화되었다.** ④ **이와 같은 지구온난화**는 기후 변화를 일으키게 되고 이러한 기후 변화는 동식물에게 뿐만 아니라 다시 인간이 생활하고 사회 활동을 하는 데 있어 ④ **피드백되어** 영향을 미치게 되었다.

Analysis of industrial vulnerability and adaptive measures ①
according to climate change

Since the beginning of the 20th century, ② **as emission of global
warming gases are rapidly increasing**, ③ **global warming has
been accelerated**. ④ **Such a global warming** caused climate
change which has an impact on not only animals and plants but also
human beings' living and social activities.

| 관련설명 |

−according to는 according to U.S. scientists, according to a new
survey 등과 같이 '관계자'나 '보고서'를 목적어로 갖습니다. 위의 "기후 변
화 영향에 따른"의 사실상의 의미는 '기후 변화 영향이 초래한'입니다. 그러
니 단순히 일대일 번역으로 생각하면 according to 같지만 caused by
climate change의 의미로 번역해야 합니다. 단 제목이니 caused by를 대
신하는 형용사를 활용해 다르게 표현하는 것이 좋습니다.

• according to climate change → caused by climate change →
Climate Change−Induced

유사한 예로 다음과 같은 것도 있습니다.

　　ex. Disease caused stress → stress-induced disease

우리말 "~에 따른"은 흔히 according to로 옮깁니다. 하지만 한영 번역을 할 때는 원문을 글자 그대로 영어로 옮기지 않기 위해 다른 어휘를 사용하는 경우도 많습니다. 이것이 기계 번역이 인간을 대신할 수는 없는 이유입니다.

한영 번역을 할 때에는 먼저 원문이 논리적으로 맞게 쓰여 있는지 확인하는 과정이 필요합니다. 원문에 명백한 오류가 있다면 번역사가 수정해서 번역해야 합니다. 하지만 때로는 원문에 오류가 있어도 그대로 번역해야 합니다. 이럴 때에는 이런 사실을 밝히는 sic이라는 꼬리말을 붙여 줍니다.

그러면 지금부터 예문을 살펴보겠습니다.

번역사가 수정하여 번역한 예)

Ex 수많은 이민자들이 자유의 여신상이 있는 **엘리스 섬**의 병원에서 **미국**에 들어갈 수 있을 정도로 충분히 건강한지를 검사받았다.

번역 Many immigrants underwent physical examinations in the hospital on **Ellis Island** where Statue of Liberty stands to ensure that they were healthy enough to enter the **mainland**.

설명 엘리스 섬은 맨해튼 옆에 있는 섬으로 미국의 영토입니다. 엘리스 섬에 온 이민자는 이미 미국에 들어온 것입니다. 그러니 원문에 나온 대로 "미국"을 그대로 번역하는 것이 아니라 "본토"로 바꾸어 번역해야 합니다.

그대로 번역한 후 sic을 붙여 준 예)

Ex 프랑스 회사가 쿠바 혁명을 이끈 '체 게바라'의 이름을 딴 향수를 출시했습니다.

번역 A French company is introducing a cologne, named after Che Guevara who led the Cuban revolution. (**sic**)

[설명] 쿠바 혁명을 이끈 사람은 체 게바라가 아니라 카스트로입니다.

‑ "온실가스 배출량이 급격히 증가하면서"를 원문 그대로 as~로 시작하는 절로 번역하면 문장이 길어지고 평범해집니다. 원문을 영어의 형용사+명사 구조인 "급격히 증가한 온실가스 배출량", 즉 the rapidly growing emission of global warming gases로 바꾸어 주어로 하여 번역합니다.

• as emission of global warming gases are rapidly increasing → the rapidly growing emission of global warming gases

‑ 우리말 "지구온난화가 가속화되었다."에서는 조사 '가'가 붙어 있는 "지구온난화"가 주어입니다. 하지만 한영 번역을 할 때는 "급격히 증가한 온실가스 배출량"이 주어가 되어 "지구온난화를 가속화시키는" 것이 됩니다. 그러니 원문의 수동형 대신 "가속화시키다", 즉 intensify라는 능동형 동사를 써야 합니다. 그러면 두 문장으로 번역해야 할 문장을 한 문장으로 번역할 수 있습니다. 이런 구조는 언제나 이렇게 해야 한다는 것이 아니라, 'as 주어+동사'인 문장이 많을 때 as의 반복을 줄이는 방법으로 활용하면 좋습니다.

• global warming has been accelerated → ~ has intensified global warming.

단어에 붙은 조사와 무관하게 문장의 목적어를 찾는 예를 조금 더 살펴보겠습니다.

ex. 차베스 전 대통령은 쿠바에 석유를 포함한 경제를 지원했던 지도자였다.

[학생번역] Former President Hugo Chaves was a leader who supported economy including oil to Cuba.

우리말 원문을 영어 구조로 재배열해야 합니다. 우선 "경제"는 '쿠바 경제'를 가리키니, 영어 문장으로 옮길 때는 "쿠바를" 혹은 "쿠바 경제를" 지원한 것으로 번역해야 합니다. 그리고 "대통령"과 "지도자"는 같은 사람을 가리키는 중복되는 표현이니 하나를 생략해 번역합니다.

수정번역 Former President Hugo Chaves supported Cuban economy (or supported Cuba economically), including supplying oil.

이번에는 as절을 주어로 만드는 것처럼 부사절을 주어로 만드는 예를 살펴보겠습니다.

ex. 북한 핵문제가 타결되면 북한 무역 총액이 늘어날 것이다.

학생번역 If North Korea's nuclear issues are resolved, North Korea's trade will increase.

설명 if절의 동사인 resolve를 명사로 하면 절을 무생물 주어로 만들 수 있습니다.

수정번역 Resolution of North Korea's issues will increase North Korea's trade.

- "이와 같은 지구온난화는"으로 시작하는 문장을 분석해 보면 지구온난화가 기후 변화를, 그 기후 변화가 다시 동식물과 인간에게 영향을 준다는 의미입니다. 원문에는 "피드백되어"이지만, 사실은 "연쇄 반응"이 일어난다는 내용입니다. 그러니 지구온난화를 주어로 삼아 "지구온난화가 연쇄 반응을 통해 동식물과 인간에게까지 영향을 준다."는 구조로 번역합니다.

이때 유의할 것은 핵심어 "지구온난화"가 반복되어 나오므로 대체 표현이 필요합니다. "지구온난화"를 대신할 수 있는 표현은 이런 현상으로 발생하는 변화나 결과, 효과를 가리키는 this change, this result, this effect 등이 있습니다.

• Such a global warming → This effect

한영 번역 과정을 보여 드립니다 ②

영어는 같은 대상을 표현을 달리하여 계속 언급하는 특징이 있습니다.

글에서 핵심어는 반복되기 마련입니다. 그러므로 글을 읽을 때 조금만 유의해서 보면 핵심어들이 다른 표현으로 나타나고, 다시 나타나고 하는 것을 확인할 수 있습니다. 영어에 이런 특징이 생겨난 이유는 무엇일까요? 영어권 국가들에서는 회의나 토론이 일상입니다. 토론에서 한 가지 표현만 반복해 계속 사용하면 사람들의 주의를 끌 수 없고 그러면 토론에서 이기기 어렵습니다. 핵심어를 신선하고 기발한 표현들로 계속 달리 언급해야만 논쟁에서 유리합니다. 이런 영어의 특징을 한영 번역에 잘 녹여내야 좋은 번역을 할 수 있겠지요.

ⓔ India triumphed in placing a **satellite** into orbit around **Mars**.

ⓑ 인도가 화성 주변 궤도에 인공위성을 진입시키는 데 성공했습니다.

ⓔ The **orbiter** was maneuvered into its place around **the red planet**.

ⓑ 인공위성이 붉은 행성인 화성 주변의 위치로 조종되었습니다.

ⓒ 위 예문을 보면 "인공위성"은 satellite과 orbiter로, "화성"은 Mars와 the red planet으로 다르게 표현한 것을 알 수 있습니다.

Analysis of Climate Change-Induced Industrial Vulnerability and Subsequent Countermeasures

Ever since the early 20th century, the rapidly growing emission of global warming gases has intensified global warming. This effect is triggering climate change which, in turn, is having a profound impact on people as well as animals and plants through a chain reaction.

지구온난화와 같은 ① 기후 변화에 따라 열대지방의 동식물들은 생존 범위와 개체의 수가 증가하는 반면, 그 외의 일반적인 동식물들은 생육에 있어 ② 삶의 터전이 변화되거나 축소되고 이로 인해 ③ 생존까지 위험해지는 결과를 초래하게 되었다. 동식물들의 삶과 생존의 변화는 이러한 것들을 이용하고 이러한 것들과 더불어 살아가는 인간의 삶과 환경에도 ④ 변화를 가져오게 되었고 영향을 받게 되었다.

---

① **While animals and plants in a tropical region increase the scope of their survival and numbers of their individuals due to climate change** such as global warming, ① **when it comes to growth of other animals and plants,** ② **their living places are changed or reduced** ③ **which caused the result of being threatened their survival.** Changes of lives and survival of animals and plants ④ **have changed and affected** lives and environment of people who have used and lived with them together.

− "기후 변화에 따라 열대지방의 동식물들은 생존 범위와 개체의 수가 증가하는 반면, 그 외의 일반적인 동식물들은 생육에 있어 삶의 터전이 변화되거나 축소되고 이로 인해 생존까지 위험해지는 결과를 초래하게 되었다." 는 대조되는 내용을 담고 있는 문장입니다. 그러니 앞의 내용은 이득을 보는 것이 분명히 전달되도록 benefit from 같은 표현을 사용하고, 뒤의 내용은 위험해진다는 의미의 threaten이나 imperil, endanger, jeopardize, put+목적어+at risk, be under(great) strain 등을 사용해 번역합니다.

• While animals and plants in a tropical region in crease the scope of their survival and numbers of their individuals due to climate change ~ when it comes to growth of other animal sand plants. → In fact, animals and plants in tropical regions **benefit from** climate change ~ because they are able to expand their habitats and multiply their numbers.

− "삶의 터전이 변화되거나 축소되고" 에서 "삶의 터전" 은 동식물이 살아가는 터전을 가리키는 것이므로 habitat을 사용하면 됩니다. 그리고 유의할 것이 "변화되거나" 를 change로 번역해서는 그 의미를 다 전달할 수 없다는 점입니다. 왜냐하면 이 문장에서 "변화" 는 부정적인 의미로 쓰였고, change라는 단어는 긍정적인 변화와 부정적인 변화 모두를 의미하기 때문입니다. 부

정적인 의미가 잘 드러나려면 disrupted habitat으로 번역해야 합니다.

끝으로 "축소되다"는 개발 등으로 인해 동식물이 살아갈 공간이 줄어들거나 아예 없어졌다는 의미입니다. 앞의 병행 지문에서 정리한 limited habitat 또는 lost habitat을 활용해 봅시다.

• their living places are changed or reduced → their **habitats** are being eventually **disrupted or lost**

– "생존까지 위험해지는 결과를 초래하게 되었다."는 주어를 "생존"으로 하고 "위험해지는 결과를 초래하게 되었다" 전체를 아우르는 동사를 찾아 번역해야 합니다. 한 발 더 나아가 "생존이 위협받다"로 번역하면 어떨까요? 이럴 때 영어 동사 threaten을 써 보면 어떨까요?

• which caused the result of being threatened their survival → survival of species in other regions is being threatened

위에서 나온 threaten에 대해 조금 더 알아봅시다. 영문을 읽다 보면 threaten을 자주 볼 수 있습니다. threaten은 다음과 같이 아주 다양하게 쓰입니다.

1) 오염으로 해양 생물들이 생존의 **위협을 느낀다.**

   Pollution is **threatening** marine life.

2) 중국의 지원이 줄어들면 북한 경제가 **어려움을 겪을** 것이다.

   A reduction in Chinese support will **threaten** North Korea's economy.

3) 고유가가 경기회복을 **위축시킬** 것이다.

   Higher oil prices will **threaten** economic recovery.

4) 이 분쟁으로 당이 당장 분열될 것 같은 **안 좋은 징조를 보인다.**

The dispute **threatens** to split the party.

5) 아프리카의 많은 사람들이 에볼라 바이러스의 **두려움 속에 살고 있다.**

Many people in Africa are **threatened** with Ebola virus.

– "변화를 가져오게 되었고 영향을 받게 되었다."는 기후 변화로 인해 인간과 동식물의 삶이 피폐해지는 대가를 치르는 것이니 'the cost of this event(기후 변화) is measured in+피해 상황' 의 영어식 구조와 표현을 이용해 번역합니다.

• have changed and affected → The cost of this event is measured in ravaged people's lives and environment

| 수정번역 |

In fact, animals and plants in tropical regions benefit from climate change such as global warming because they are able to expand their habitats and multiply their numbers. However, survival of species in other regions is being threatened as their habitats are being eventually disrupted or lost. The cost of this event is measured in ravaged people's lives and environment where people coexist with flora and fauna.

① **시조의 외국어 번역**에 관한 시론
② **본고에서는** ③ **시조의 번역에 있어 의미화의 직접적 매개라고 할 수**

있는 시적 감성의 정확한 전달에 필요한 번역 방식을 논의하고자 하였다. ④ 시조를 번역하는 데 있어 그 형식적 요소를 규제해야 한다는 점만은 분명한 듯 보인다. ⑤ 이러한 규제가 특히 현대 시조를 창작하고 비평하는 한 가지 기준이 된다면 ⑥ 번역은 장차 더욱 쉬운 작업이 될 수도 있을 것이다. 그런 이유로 시조의 번역을 제안하면서 ⑦ 몇 가지 전제와 요건을 다음과 같이 논의하였다.

| 번역사례 |

① An essay on **translation into a foreign language of Si-jo**
I attempted to ③ **translate Si-jo into a foreign language** ② **on this essay**. In this process, ④ **it is seemed to clear that we regulate the formal element in translating of Si-jo**. ⑤ **If this regulation is to be a standard criticism on the modern Si-jo**, ⑥ **the translation will be an easy work**. According to this point, ⑦ **I propose this translation as follows:**

| 관련설명 |

－"시조의 외국어 번역"에서 번역의 목적어는 옆에 있는 외국어가 아니라 '시조' 입니다. 그러니 Translating *Sijo* into a Foreign Language 혹은 Translation of **Sijo** into a Foreign Language로 번역해야 합니다. 그리고 제목이므로 핵심 단어의 첫 글자는 대문자로 씁니다.

 • translation into a Foreign Language of Si-jo → Translating *Sijo* into a Foreign Language / Translation of *Sijo* into a Foreign Language

－논문의 서두는 사람을 주어로 쓰지 않고 주로 The paper, The study, The research 등으로 시작합니다.

• ~on this essay → This paper~

－"시조의 번역에 있어 의미화의 직접적 매개라고 할 수 있는 시적 감성의 정확한 전달에 필요한 번역 방식을 논의하고자 하였다."의 학생 번역을 보면 원문 내용이 많이 누락되었습니다. 이렇게 긴 문장은 다음과 같은 과정을 거쳐 번역하는 것이 좋습니다.

먼저 문장의 핵심어를 정리해 봅니다. '시조 / 번역 / 의미화 / 직접적 매개 / 시적 감성 / 정확한 전달 / 번역 방식 / 논의'. 이 핵심어들을 영어 구조로 재배열합니다. 이때 "정확한 전달"을 어떻게 번역할지가 재배열의 핵심인데, 서술어를 "정확하게 전달하다"라고 바꿔야 목적어를 연결시키는 영어 구조가 나올 수 있습니다. 재배열한 결과는 '논의 / 번역 방식 / 전달하기 위해 / 정확하게 / 시적 감성을 / 의미화의 직접적 매개(동격) / 시조를 번역할 때' 입니다.

번역 전에 핵심어를 재배열하는 과정은 핵심어만 가지고 관계를 따져 가면서 제자리를 찾아 주는 것입니다. "서술어부터 살펴보면, 논의를 한다고? 무엇을 논의하지? 번역 방식을? 왜 논의하지? 정확하게 전달하기 위해? 무엇을 전달하지? 시적 감성을? '시적 감성'과 '의미화의 직접적 매개' 는 동격이구나!" 이렇게 생각을 정리하면서요.

• translate Si-jo into a foreign language → exploring translation approaches to accurately deliver poetic subtleties, a direct medium of meanings, in the process of translating *Sijo*

- "그 형식적 요소를 규제해야 한다는 점만은 분명한 듯 보인다."를 번역한 문장 역시 수정이 필요합니다. seem은 자동사이므로 it seems that~으로 바뀌어야 합니다.

참고로 seem은 주관적, 객관적 사실에 다 사용되지만 appear는 객관적인 사실에만 사용할 수 있습니다.

1) 아이가 배가 고파 보인다.

The baby seems(=appears) hungry.

2) 그가 이해한 것 같지 않다.

I can't seem to make him understand.

그런데 it seems that 뒤에 오는 주어는 누구로 잡아야 할까요? 여럿이 공저한 논문을 제외하면, 논문에서 사람을 주어로 하는 문장은 거의 없습니다. 그러므로 "형식적 요소를 규제해야 한다"는 "형식적 요소가 규제되어야 한다"라는 수동형 문장으로 바꾸어 번역합니다.

• it is seemed to clear that we → It clearly seems that formal elements

다음으로 "형식적 요소"를 the formal element로 번역하기 쉬운데, 정관사 the는 앞에 나온 가산 명사를 다시 언급할 때에만 쓸 수 있습니다.

ex. A: I have an apple.

B: Give me the apple.

• the formal element → a formal element / formal elements

마지막으로 in translating of Si-jo에서 translate는 목적어를 취하는 타동사입니다. 그러니 in translating *Sijo* 혹은 in translation of *Sijo*로 번역합니다.

• in translating of Si-jo → in translating *Sijo*

- "이러한 규제가 특히 현대 시조를 창작하고 비평하는 한 가지 기준이 된다면"에 해당하는 학생 번역을 보면 '비평의 기준이 된다'는 내용의 번역 be a standard criticism만 있고 '창작하는 기준이 된다'는 내용의 번역은 없습니다. "창작하는 기준"의 "기준"은 시조를 창작하고 비평하는 기준이니 평가의 수준을 나타내는 standard가 아니라 평가하는 항목이 되는 criterion이 적절한 표현입니다.

• If this regulation is to be a standard criticism on the modern Si-jo
→ If this regulation serves as a criterion for creating and criticizing modern *Sijo*

- "쉬운 작업"을 우리말 그대로 an easy work라고 번역하는 데 그치지 말고 업그레이드된 표현을 찾아 번역하면 좋겠습니다. 긍정문을 부정문으로 바꾸어 번역하는 방법을 이용하면 an easy work를 대체할 표현을 찾을 수 있습니다. 그러니까 "쉬운 작업"은 "어렵지 않은 번역 과정"이므로 an effortless process로 대체할 수 있습니다.

• an easy work → an effortless process

- "몇 가지 전제와 요건을 다음과 같이 논의하였다."에서 "전제"와 "요건"은 다른 단어지만, 국어사전을 찾아보면 거의 비슷한 뜻을 가지고 있습니다.
전제는 '어떠한 사물이나 현상을 이루기 위하여 먼저 내세우는 조건', 요건은 '필요한 조건'으로 정의되어 있습니다.
원문의 내용이 시조를 번역하는 데 필요한 전반적인 가이드라인을 제시하겠다는 것이니, 그 의미를 다 아우를 수 있는 guidelines으로 번역하면 됩니다.

• propose this translation as follows → propose guidelines for translating *Sijo* as follows.

| 수정번역 |

The paper on Translating *Sijo* into a Foreign Language

This paper aims at exploring translation approaches to accurately deliver poetic subtleties, a direct medium of meanings, in the process of translating *Sijo*. It clearly seems that formal elements should be regulated in translating *Sijo*. If this regulation serves as a criterion for creating and criticizing modern *Sijo*, translation will be an effortless process. For this reason, I propose guidelines for translating *Sijo* as follows.

4. 논문에서 자주 나오는 표현

1| 논문 뒤쪽에 **참고 문헌**이 많이 있습니다.

There is a huge **bibliography** at the end of the paper.

2| 이 연구는 그녀의 **박사학위 논문**의 일부다.

The research was part of her **doctoral dissertation**.

3| '**논문 계획서**'는 논문 작성 개요서다.

"**A Proposal**" is a document which forms a master plan for a dissertation.

4| **'초록'** 은 논문의 요약서다.

　　"Abstract" is a summary of the dissertation.

5| **서론**에서는 앞으로 연구하려는 것이 무엇인지를 설명한다.

　　The introduction to your dissertation should explain to the reader what you are going to investigate.

6| **'문헌 조사'** 는 연구하려는 분야의 기존 연구를 조사하는 것이다.

　　"Literature Review" is an assessment of the research already carried out in fields of study.

7| **'방법론'** 은 **'양적 방법론'** 과 **'질적 방법론'** 으로 나뉜다.

　　"Methodology" encompasses **"Quantitative methodology"** and **"Qualitative methodology"**.

8| **양적 데이터**는 숫자로 셀 수 있고 기술할 수 있는 정보다.

　　Quantitative data are information that can be measured or expressed in numerical terms.

9| **질적 데이터**는 숫자로 표시하거나 세기 어려운 현상을 나타낸다.

　　Qualitative data mean phenomena that are difficult to count in numerical terms.

10| **조사 결과물** 부문에서는 주요 연구 데이터를 제시해야 한다.

　　The section of **findings** should provide the main data of your research.

11| **논문 지도교수**가 하는 일은 논문을 쓸 때 조언을 주는 것이다.

　　The job of **the dissertation supervisor** is to advise you on the process of writing a dissertation.

12। **'연구'**는 복수로 쓸 수 없는 불가산 명사다.

"Research" is an uncountable noun which can't be used in a plural form.

13। 초기 논문의 제목은 나중에 수정할 **가제**일 수도 있다.

At this early stage, your title may be **a working title** that you will revise later.

14। **문제 제시 문장**은 논문 저자가 연구를 통해 해결하려는 문제를 제시한다.

A problem statement denotes what the author strives to solve through the study.

15। **종설 논문**은 저자가 해당 분야의 선행 연구를 정리한 것이다.

Review articles are an attempt by one or more writers to sum up the current state of the research on a particular topic.

16। **연구 논문**은 신문이나 대중지가 아닌 전문지에 게재한다.

A research paper should be published in a journal and not a newspaper or popular magazine.

17। **잡지**는 《타임》이나 《피플》 같은 시중 정기 간행물이고, **저널**은 전문가가 쓴 전문지를 가리킨다. (ex. 패션 전문지, 의학 전문지)

Magazine is often used to describe a popular periodical like *Time* or *People* while **Journal** is used to describe a scholarly periodical that is written by experts. (ex. fashion journal, medical journal)

18। 논문에 **표절**이 없게 하는 것은 학생의 의무다.

It is the responsibility of the student to ensure that the

dissertation is free of **plagiarism**.

19 | **논문 예비 심사**는 논문심사위원회에 논문을 정식으로 소개하는 자리다.

The dissertation defense is, in essence, the formal introduction of your dissertation to the dissertation assessment committee.

20 | 식자층 독자를 염두에 두고 출판사는 **가죽 장정본**을 소량 만들었다.

Targeting highbrow readers, the publisher brought out limited **leather—bound paper**.

5. 총정리

이번 장에서는 논문 초록을 번역했습니다. 논문 번역이다 보니 "실험 결과나 조사, 연구 등에 따르면" 혹은 "본 연구에서는"이라는 표현이 많았습니다. 이러한 문구를 영문으로 번역할 때는 '실험 결과', '조사', '연구'를 주어로 하고 동사는 suggest, finds, shows, reveals, demonstrates 등으로 합니다.

논문 초록 한영 번역을 하면서 논문에 자주 나오는 유용한 표현과 구조를 정리했습니다. 우리말의 '주어+서술어' 구조를 영어의 '형용사+명사' 구조로 바꾸는 연습도 했습니다. 그리고 entire, develop, threaten 등이 우리말의 여러 가지 표현을 대신할 수 있다는 사실을 공부했습니다.

논문 초록에 대해 이야기하다 보니, 문득 제가 번역했던 많은 논문들이 생각납니다. 스피노자의 철학에 관한 논문부터 교육, 문화, 법률, 환경에 관한 논문까지 참으로 다양했습니다. 특히 누가 먼저 컴퓨터로 애니메이션에 나오는 물방울을 실제 물방울과 똑같이 만들어 낼지 경합하는 내용을 담은 전자공학과 논문이 기억납니다. 그 논문에 따르면 '우유를 컵에 따를 때 보이는 왕관 현상은 컴퓨터로 완벽하게 재생할 수 있지만, 물방울은 컴퓨터 화면에서 실제보다 크게 보이기 때문에 애니메이션을 만들 때 문제가 된다'고 합니다. 그 분야에 관계자들에 있어 그 문제를 해결하는 것이 중대 사안이었습니다.

다양한 논문을 한영 번역하면서 '사람의 관심사는 참 다르구나.' 하는 생각을 새삼 했습니다. 사람마다 자신의 관심사에 따라 시간을 보내는 방법이 다르고, 또 세상과 사물을 보는 방식이 달랐습니다. 나아가 사람을 보는 눈도 얻게 되었습니다.

하루가 즐거운
Punchline

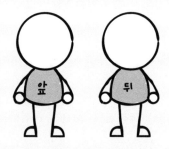

학생이 동전을 집어 듭니다.

동전을 공중에 던지며 외칩니다.

"앞면이 나오면 자라는 신의 계시야.

뒷면이 나오면 게임을 하라는 신의 계시야.

동전이 모서리로 서면 공부하라는 신의 계시야."

A student grabbed a coin,

Flipped it in the air & said,

"Head, I go to sleep.

Tail, I play a game.

If it stands on the edge I'll study."

04 실용문

1. 병행 지문

영한 번역 지문을 먼저 보면서 한영 번역 시 활용할 수 있는 영어 구조와 표현을 학습하겠습니다.

EX1 Conference invitation

Housing in **an Ageing Community**

On **30th and 31st October 2013** the Hong Kong **Housing Society** will be **holding an international conference that will explore** housing options and models **from across the globe to enable** older people **to age−in−place**. The conference **coincides with** the 65th anniversary of the Hong Kong Housing Society.

(http://www.ifa−fiv.org/housing−in−an−ageing−community−your−invitation)

회의 초대장

고령화 시대의 주택 공급

2013년 10월 30일과 31일 양일 홍콩 주택협회가 국제회의를 개최하여 전세계 주택 공급 방안과 주택 모델을 살펴봄으로써 노후에도 혼자 생활이 가능한 주택을 짓는 방안을 모색하고자 합니다. 이번 회의는 홍콩 주택협회 설립 65주년 기념과 함께합니다.

번역에 유용한 구조

−30th and 31st of October 2013: 2013년 10월 30일과 31일: 날짜와 연도를 쓰는 순서는 미국식과 영국식이 다르다. 미국은 March 30, 2014와 같이 월, 일, 연도순이고, 영국은 30th March 2014 또는 30 March 2014와 같이 일, 월, 연도순이다.

−hold a conference that will explore~: ~를 모색하고자 회의를 개최하다

−to enable 사람 to 부정사: enable은 무생물 주어와 함께 쓰이는 동사로 '목적어가 to 부정사 하는 것을 가능하게 하다' 는 의미이다.

번역에 유용한 표현

−an ageing community: 고령화 시대

−Housing Society: 주택협회

−hold a conference: 회의를 개최하다: hold 대신 convene, host를 사용할 수도 있다.

−age-in-place: live independently in their own homes for longer periods of time: 노후에도 혼자 생활이 가능하도록 집을 짓다

-from across the globe: 전 세계에서

-coincide with: 동시에 일어나다

e-mail invitation

Subject: INVITATION TO THE 6th ANNUAL ENTREPRENEURSHIP
PROMOTION CONFERENCE

Dear David Salaska,

We would like to invite you to attend the 6th Annual
Entrepreneurship Promotion **Conference organised by** The
Entrepreneurship Promoters Inc. **which is slated to hold from**
13th Jan 2013~15th Jan 2013 **at the Sheraton Hotel and
Conference Center, Sydney Australia**.

Every year we **organize a conference where we invite**
entrepreneurs around **the city** to discuss some tips and tools that
will promote or help their business.

Kindly let us have your response by 30th December 2012 so that
we can **make further arrangement**. We **look forward to
receiving a favorable consideration** from you. We may also be
contacted on phone at 111-111-3333.

Yours sincerely,

Jacob Yakov

Secretary

Entrepreneurship Promoters Inc.

(http://letters.sampleinvitationletter.info)

번역 이메일 초대장

제목: 제6차 연례 기업진흥회의

데이빗 살라스카 귀하

기업진흥원이 주관하는 제6차 연례 기업진흥회의에 귀하를 모시고자 합니다. 일시는 2013년 1월 13일부터 15일 예정이며 장소는 호주 시드니에 소재한 쉐라톤 호텔 회의장입니다.

매년 개최되는 회의로 시드니에 계시는 기업가들을 모시고 사업 발전을 모색하는 자리입니다.

추후 일정을 진행할 수 있도록 2012년 12월 30일까지 참석 여부를 알려 주시면 감사하겠습니다. 긍정적인 답변을 고대하고 있겠습니다. 연락 가능한 번호는 111-111-3333입니다.

부탁드리며,

제이콥 야코브

비서

기업진흥원

번역에 유용한 구조

-Conference organised by~: ~가 주관하는 회의

-which is slated to hold from~: ~부터 개최될 예정인

-at the Sheraton Hotel and Conference Center, Sydney Australia: 행사 장소를 고지할 때는 일반적으로 회의 장소, 도시, 나라 순서로 쓴다.

-organize a conference where we invite~: ~모시고 회의를 개최하다

-the city: 앞에 구체적으로 나온 도시를 다시 언급할 때에는 it보다는 the city로 표현한다.

> ex. **Paris** imposed drastic measures to combat its worst air pollution in years. **The city** banned around half of the city's cars and trucks from its street.
>
> 파리 시가 수년간 지속된 최악의 공기오염을 해결하기 위한 극단의 조치를 취했다. 파리 시 자동차와 트럭 절반의 파리 시내 운행이 금지된다.

-Yours sincerely: 편지의 말미에 붙이는 인사말: 이름을 모르는 사람에게 편지를 보낼 때에는 시작과 끝에 각각 Dear Sirs와 Yours faithfully를 쓴다. 이름을 아는 사람에게 보낼 때에는 Dear 이름, Yours sincerely를 쓴다.

번역에 유용한 표현

-We would like to invite you to attend~: ~에 모시고자 한다

-Kindly let us have your response by~: ~까지 답신을 주면 감사하겠다

-make further arrangements: 추후 일정을 조절하다

-look forward to receiving a favorable consideration: 긍정적인 답변을 기다리겠다

EX2 Wedding invitation

Mr. and Mrs. Bradley Hunter

Request the honor of your presence at the marriage of their

daughter Claire **to** Oliver Richards Temple

Saturday, the twenty-third of June, two thousand and twelve

at half-past four o' clock First Church New Vernon, New

Jersey

Regrets only to Sara Jang

(www.minted.com)

번역 결혼식 초대장

헌터 가족이 딸 클레어와 올리버 리처드 템플과의 결혼식에 귀하를 초대합

니다.

(일시) 2012년 6월 23일 4시 30분

(장소) 뉴저지 주 뉴버논 소재 퍼스트 교회

부득이하게 불참하실 경우 사라 장에게 연락 주십시오.

번역에 유용한 구조

-Saturday, the twenty-third of June, two thousand and twelve / at

half-past four o' clock: 행사의 일시를 알릴 때는 요일, 날짜, 연도, 시간

순서에 주의한다.

-First Church, New Vernon, New Jersey: 행사의 장소를 알릴 때에도 순

서에 유의해야 한다. 일반적으로 장소, 지명, 주명으로 쓴다. 특히 주명은
state와 관사를 쓰지 않고 주의 이름만 적는다.

    ex. 뉴저지 주 New Jersey (○) / the State of New Jersey (×)

번역에 유용한 표현

−request the honor of your presence at the marriage of 사람 to 사람:
누구와 누구의 결혼에 참석해 주기를 바란다

−regrets only to~: 불참하실 경우 ~에게 알려 주기 바란다

초대장을 쓸 때 유의할 점

1. 3인칭 사용

−I나 we를 쓰지 않고 3인칭 문장을 씁니다.

    ex. 저희 부부가 참석합니다.

        Mr. and Mrs. John Doe accept your kind invitation. (○)

        We accept your kind invitation. (×)

− 소유격도 3인칭을 사용합니다.

    ex. 톰슨 사가 우리 회사 직원들을 초대합니다.

        Thompson & Co. invites you to **their** employees⋯ (○)

        Thompson & Co. invites you to **our** employees⋯ (×)

2. 경칭 사용

    초대장을 보낼 때 받는 분의 직함 등을 이름 앞에 붙입니다.

ex. Dr.(=M.D. / Ph.D.) Mr., and Mrs. Baker (의학박사 베이커 내외 분)

ex. Dr. and Mrs. Smith (스미스 박사님)

3. 필요한 경우 복장 규정 알림

행사의 특성에 따라 복장을 정해야(Dress Code) 하는 경우 해당 사항을 초대장에 알려야 합니다.

ex. Black Tie(검정 넥타이), Cocktail Attire(칵테일파티 복장), Semi-Formal Attire(세미정장 차림)

4. 참석 여부를 알려 달라는 문구 삽입

초대장과 함께 수신 주소가 적혀 있는 R.S.V.P 카드를 발송하거나 연락 가능한 전화번호 또는 이메일 주소를 알립니다. Regrets only to~(~에게 불참을 알려 달라)라는 문구를 넣기도 합니다.

EX 4 Accept a Formal Invitation to a Social Event

Mr. and Mrs. John Doe accept with pleasure your kind invitation to the Springfield Charity Ball **at the Springfield Country Club Saturday, June sixteenth, at eight o'clock in the evening.**

📄 참석을 알리는 편지

저희 부부는 6월 16일 토요일 밤 8시에 스프링필드 컨트리클럽에서 열리는 스프링필드 자선행사의 밤에 참석할 수 있어서 기쁩니다. 초대해 주셔서 감사합니다.

번역에 유용한 구조

—at the Springfield Country Club / Saturday, June sixteenth, at eight o'clock in the evening: 장소, 요일, 월일, 시간: 장소가 먼저 오고 시간이 나중에 오는 순서에 주의해야 한다.

번역에 유용한 표현

—Mr. and Mrs. John Doe: 저희 부부: 스스로를 3인칭으로 표현한다.
—accept with pleasure your kind invitation to~: ~에 참석할 수 있어서 기쁘다.

EX 5 Refusing (declining) an invitation

Dear Sirs,

I am pleased and honoured by the invitation to participate in your conference. **I very much regret to say that** it will not be possible for me to participate this time. Between 20th and 30th June 2012. **I am giving a series of lectures** at the University of South Essex. **Thank** you once more **for honouring me with your invitation.**

With very good wish for the success of the conference.

Yours faithfully

Andrew Smith

[번역] 불참을 알리는 편지

관계자 귀하,

먼저 귀하가 주관하시는 회의에 초대해 주셔서 영광으로 생각합니다. 하지만 참석할 수 없어 유감스럽게 생각합니다. 2012년 6월 20일과 30일 사이에 사우스애식스대학에서 연강하기로 되어 있습니다. 초대해 주셔서 다시 한번 감사드립니다.

성공적인 회의가 되길 기원합니다.

그럼 이만 줄이겠습니다.

앤드류 스미스

번역에 유용한 구조

−I am giving a series of lectures: 현재진행형이 미래를 대신하는 경우로, 미리 계획되어 있거나 결정된 미래의 일을 언급할 때 사용한다.

−thank A for B: A에게 B를 감사하다

−Yours faithfully: Dear sirs로 시작되는 편지의 끝에는 보통 Yours faithfully를 쓴다.

번역에 유용한 표현

−I am pleased and honored by the invitation to participate in∼: ∼에 참석하도록 초대해 주어서 영광이다

−I very much regret to say that∼: ∼하게 되어 무척 유감이다

−honour me with your invitation: 초대해 주어서 기쁘다

–With very good wish for the success of the conference: 회의의 성공
적 개최를 기원하며

현재진행형이 미래를 대신하는 경우

1. 현재진행형은 지금 정해진 개인적인 약속이나 계획 등으로 미래에 하게 될 행동을
언급할 때 주로 사용합니다.

–What are we having for dinner? (오늘 저녁 뭐 먹을까?) / We are having
spaghetti. (스파게티 먹자.)

–I'm seeing him on Saturday. (토요일에 그 사람을 만나기로 했어.)

  cf. Their new house is going to look over the river. (○)

    Their new house is looking over the river. (×)

새 집이 강을 내려다보는 것은 **행동이 아니라 상태**이므로 현재진행형을 사용할 수
없습니다.

2. 어떤 일을 하거나 하지 않도록 강요하는 경우

–She's taking that medicine whether she likes it or not! (그녀는 좋든 싫든 그 약을
꼭 먹어야 해!) ⇨ 행동하도록 강요

–You're not wearing that skirt to school. (너, 그 치마 입고는 학교 못 가.) ⇨ 행동
하지 않도록 강요

3. 강한 거절을 나타내는 경우

–I'm sorry. You're not taking my car. (미안하지만, 내 차는 절대 못 가져가.)

–I'm not washing your socks–forget it! (네 양말은 절대 못 빨아 주니까 그런 줄 아셔!)

4. 현재진행형과 'be going to 동사'의 차이

보통은 혼용합니다.

–I'm washing my hair this evening. / I'm going to wash my hair this evening.

하지만 결정되어 있는 것을 물어볼 때는 현재진행형을 사용하고, 결정할 것인지를 물어볼 때는 be going to 동사를 씁니다.

–Who's cooking lunch? (점심에 누가 요리한대?) ⇨ 누가 요리를 하기로 정해져 있는지를 묻는 의미

–Who is going to cook lunch? (누가 점심에 요리할래?) ⇨ 누가 요리를 할지 정하자는 의미

5. 미래의 일에 현재진행형을 쓰지 못하는 경우

사람이 결정할 수 없는 일을 예측할 때는 be going to만 쓸 수 있습니다.

–It's going to snow before long. (○)

–It's snowing before long. (×)

2. 한영 번역 지문

한영 번역을 하면서 국어사전을 많이 찾아보게 됩니다. 우리말의 정확한 의미를 알아야만 원문의 의미를 훼손하지 않으면서 영어 구조와 표현을 살리는 번역을 할 수 있기 때문입니다. 병행 지문에서 학습한 영어 구조와 표현을

적극 활용하여 한영 번역을 해 보겠습니다.

주거 안정과 주택 정책: 한국의 경험과 미래

한국개발연구원(KDI)은 '주거 안정과 주택 정책: 한국의 경험과 미래' 라는 주제로 국제회의를 개최합니다. 한국개발연구원은 주택 문제를 우리 경제가 당면한 가장 중요한 도전 중의 하나로 인식하고 '주택 시장 분석과 정책과제 연구' 를 2011년 본원의 대표 연구 과제로 선정한 바 있습니다.

지금 한국은 고령화 사회로 인한 인구가구 구조가 변하고 집값 상승 기대감이 떨어져 주택 구매 심리는 위축된 반면 공급은 증가해 주택 시장이 침체되고 있습니다. 이렇듯 주택 시장의 어려움이 지속되면 민생과 금융 시스템, 나아가 거시경제 전반에 위험 요인으로 작용할 가능성이 클 것으로 우려됩니다.

이런 시점에서 과거 집은 모두에게 선망의 대상이었지만 현재는 주택 보유로 어려움을 겪는 사람들이 늘어나고 있으며 주택 가격이 급등할 수 있다는 기대가 사라진 요즘 주택에 대한 인식을 투자에서 거주의 개념으로 바꾸고 주택 정책의 패러다임을 전환해야 할 필요성이 대두되고 있습니다.

이번 국제회의는 지난 1년의 연구를 매듭지으면서 해외 유수의 전문가들을 초빙하여 시장의 주요 변수, 주택 금융, 세제 개편, 저소득층 주거 지원 등 주택 시장 전반에 걸친 주요 과제에 대한 종합적인 논의와 더불어 우리의 주택 시장 현황을 진단하고, 주택 문제에 대한 선진국의 경험과 정책 성과를 공유함으로써 우리 주택 문제에 대한 바람직한 대응 방안을 모색하는 뜻깊은 자리가 될 것입니다.

바쁘시더라도 부디 이번 국제회의에 참석하시어 고견을 나누어 주시고 자리를 빛내 주시면 감사하겠습니다.

일시: 2012년 6월 2일 (목) 09: 00〜18: 00

6월 3일 (금) 09: 30〜16: 00

장소: 한국개발연구원 대회의실

모든 세션에 동시통역이 제공됩니다.

원활한 행사 준비를 위해 사전 참가 예약을 받습니다. 회의 참가를 바라시는 분들은 아래 주소로 이름, 소속, 직급, 전화번호, 참가 세션 등을 기재하시어 참가 신청 메일을 보내 주시기 바랍니다.

(한국개발연구원)

3. 한영 번역 강의

① **주거 안정과 주택 정책: 한국의 경험과 미래**

한국개발연구원(KDI)은 "주거 안정과 주택 정책: 한국의 경험과 미래" 라는 주제로 국제회의를 개최합니다. ② **한국개발연구원은** 주택 문제를 우리 경제가 당면한 가장 중요한 도전 중의 하나로 ② **인식하고** '주택 시장 분석과 정책과제 연구' 를 2011년 본원의 ③ **대표 연구 과제로 선정한 바 있습니다.**

| 학생번역 |

① **Housing Stability and Residential Policy: Korea's Experience and Future**

Korean Development Institute(KDI) will host an international conference on Housing Stability and Residential Policy: Korea's Experience and Future. ② **KDI recognized** housing problems as one of the most important challenges our economy is facing and ③ **selected** 'Analysis of Housing Market and research on political tasks' as ③ **the representative research** in 2011.

| 관련설명 |

- "주거"는 일정한 곳에 머물러 삶 또는 그런 집을 뜻하고 "주택"은 사람이 살 수 있도록 지은 집입니다. 그러므로 주거는 '사는 것'을 강조하는 단어 residential로, 주택은 '집'을 강조한 단어 housing으로 번역합니다.

그리고 "안정"은 stability가 맞습니다. 그러나 여기서 말하는 "주거 안정"은 주거 환경의 안정만이 아니라 경제적 안정, 가정적 안정 등 여러 가지 안정을 의미합니다. 그러니 이를 포괄적으로 아우를 수 있는 welfare로 번역하는 것이 좋겠습니다.

끝으로, 제목이니 주목을 끌 수 있는 표현을 생각해야겠습니다. 원문의 "경험과 미래"를 그대로 번역하기보다는 경험이 '과거에 했던 일'을 의미하니 미래와 대조시켜 "과거 대 미래"로 번역해 봅니다.

• Housing Stability and Residential Policy: Korea' Experience and Future → Residential Welfare and Housing Policies: Korea's Past Experience and Future Prospect

위 문장에 나오는 experience는 가산 명사로 쓰일 때가 있고, 불가산 명사로 쓰일 때도 있습니다. 가산 명사로 쓰일 때는 '특별한 경험'을 의미하며

have와 함께 사용합니다. 불가산 명사로 쓰일 때는 '경험에서 얻은 지식' 을 의미합니다.

1) I had some strange experiences last week.

　지난주에 이상한 경험을 했다.

2) I had a lot of interesting experiences in Africa.

　아프리카에서 많은 재미있는 경험을 했다.

3) Sales person wanted—experience unnecessary

　판매원 구함, 무경험자 가능

− "한국개발연구원은 ~로 인식하고" 에서 한국개발연구원은 이미 앞에서 한 번 언급되었으니, 이후부터는 the KDI, the Institute 혹은 we로 바꾸어 번역합니다.

또한 "~로 인식하고" 를 포함한 영어 문장을 보면 분사 구문의 구조를 가진 경우가 많습니다. 그러니 Fully understanding the KDI~로 번역합니다.

• KDI recognized → Fully understanding the KDI

− "대표 연구 과제로 선정한 바 있습니다." 는 다음 문단을 읽어 보면 지난 1년간 수행한 연구 과제를 중심으로 회의를 개최하는 것이니 우리말 그대로 "선정하다" 로 번역할 것이 아니라 "연구 과제를 실행해 왔다" 로 번역해야 합니다.

• selected → carried out

그리고 "대표" 를 representative로 번역한 것은 우리말을 그대로 번역한 것입니다. 앞에서 같이 쓰이는 단어들의 조합이 있다고 했는데 representative

연어(collocation)

collocation은 우리말로 '연어(연결된 단어)'라고 부르는 단어들의 조합을 가리킵니다. 앞에 설명한 experience가 동사 have와 같이 쓰이는 것도 한 예이고, 지금 나온 Fully understanding도 그 예입니다.

연어는 단어만 따로 따로 외워서는 어떤 단어들이 조합되어야 하는지 알 수 없기 때문에 외국어 학습자가 실수를 가장 많이 하는 부분입니다. 우리말을 잘하는 외국어 학습자가 소통은 되지만 어색한 우리말을 구사하는 경우랑 같다고 생각하면 되겠지요.

연어와 관련된 실수를 줄여 나가기 위해서는 케임브리지 출판사의 『English collocation in use』를 활용하면 좋습니다. 또한 평소 영문을 읽을 때 부사+동사, 동사+목적어 등의 조합을 눈여겨보고 정리, 암기해야 합니다. 여기서 몇 가지 정리해 볼까요?

우리말	바른 사용법 (right usage)	잘못된 사용법 (wrong usage)
굳게 믿다	I firmly believe	I firmly think
좋아하는 편이다	I rather like	I rather understand
황금 같은 기회	a golden opportunity	a golden chance
마음을 바꾸다	change ones' mind	change ones' thoughts
약속하다	make a promise	do a promise
숙제하다	do homework	make homework
약을 먹다	take medicine	eat medicine
진한 커피	strong coffee	thick coffee
빨래하다	do the laundry	wash the laundry

한 가지 더 알려드리면 www.ozdic.com에서 연어 관련 검색이 가능하니 도움이 될 것입니다.

는 보통 sample과 함께 쓰입니다. 그러면 '연구' 앞에 붙는 단어는 무엇일까요? 연구의 강도에 따라 extensive, rigorous, relentless 등이 붙을 수 있습니다.

- the representative research → an extensive research project

| 수정번역 |

Residential Welfare and Housing Policies: Korea's Past Experience and Future Prospect

The Korean Development Institute(KDI) will convene an international conference on "Residential Welfare and Housing Policiy: Korea's Past Experience and Future Prospect." Fully understanding housing as one of the most urgent challenges facing the Korean economy, the Institute carried out an extensive research project titled "Analysis of Housing Market and its related issues" in 2011.

---

① 지금 한국은 고령화 사회로 인한 인구가구 구조가 변하고 집값 상승 기대감이 떨어져 주택 구매 심리는 위축된 반면 공급은 증가해 주택 시장이 침체되고 있습니다. 이렇듯 ② 주택 시장의 어려움이 지속되면 민생과 금융 시스템, 나아가 거시경제 전반에 ③ 위험 요인으로 작용할 가능성이 클 것으로 우려됩니다.

| 학생번역 |

① **At present, sentiment of purchasing a house in Korea is**

weakened because population structure is changed and
expectation about rising house price is falling while the
housing market is depressed. ② **If difficulties in housing**
market continues, ③ **there are concerns that it may impact**
people's lives, financial systems and subsequently comprehensive
sectors of macro economy ③ **as a dangerous factor**.

| 관련설명 |

－첫 번째 문장 "지금 한국은 ~ 침체되고 있습니다"는 매우 길기 때문에 번
역하기 전에 문장 성분을 살펴보고 핵심어를 정리하여 영어식으로 재배열한
후 그 순서대로 번역합니다.

이 문장의 핵심어는 '한국 / 인구가구 구조 변화(고령화로 인한) / 집값 상승
에 대한 떨어진 기대감 / 위축된 주택 구매 심리 / 증가된 공급 / 침체된 주택
시장' 입니다. 이를 영어식으로 재배열하면 '한국 / (직면) / 침체된 주택 시
장을 / (왜?) 위축된 주택 구매 심리와 증가된 공급 때문 / (원인은?) 인구가구
구조 변화와 집값 상승에 대한 떨어진 기대감' 이 됩니다. 이를 바탕으로 적
절한 전치사구로 핵심어들을 연결시켜 번역해 보면 다음과 같습니다.

Korea is experiencing a staggering housing market **as a result of**
shrinking sentiment for housing purchase and rising supply of
houses **in the wake of** changing demographics arising from aging
society and eroding expectation of housing price hike.

참고로 한영 번역 시 experience를 대신할 수 있는 동사로는 undergo, go
through, sustain, face, be struggling with, be reeling from, have

trouble with, suffer from 등이 있습니다.

– "주택 시장의 어려움이 지속되면"은 if절이 아니라 "지속된 어려움"을 주어로 하여 번역합니다. 그리고 주제어인 "주택 시장"이 계속 반복되고 있으므로 "그런 지속된 어려움" 정도로 번역해 같은 단어의 반복을 피합니다.

• If difficulties in housing market continues → Such prolonged difficulties

– 이제 "지속된 어려움"의 동사와 목적어를 찾을 차례입니다. "위험 요인으로 작용할 가능성이 클 것으로 우려됩니다."는 우리말을 그대로 번역하지 말고, 이에 해당되는 동사를 찾아내야 합니다. 앞에서 정리한 동사인 threaten 이 적당합니다. 그리고 "~나아가 거시경제 전반에"는 "~나아가 거시경제 전반을"로 바꾸어 threaten의 목적어로 삼습니다.

참고로 threaten의 동의어로는 put a threat to+명사, put 명사 in peril, put+명사 in jeopardy, put+명사 at risk 등이 있습니다.

• there are concerns that it may impact ~ as a dangerous factor → threaten people's livelihood, financial system and overall macro economy

| 수정번역 |

At present, Korea is experiencing a staggering housing market as a result of shrinking sentiment for housing purchase and rising supply of houses in the wake of changing demographics arising from aging society and eroding expectation of housing price hike. Such prolonged difficulties will eventually threaten people's livelihood, the financial system and overall macro economy.

① **이런 시점에서** 과거 집은 모두에게 선망의 대상이었지만 현재는 주택 보유로 ② **어려움을 겪는 사람들이** 늘어나고 있으며 ③ **주택 가격이 급등할 수 있다는 기대가 사라진 요즘** 주택에 대한 인식을 투자에서 거주의 개념으로 바꾸고 주택 정책의 패러다임을 전환해야 ④ **할 필요성이** 대두되고 있습니다.

| 학생번역 |

① **At this moment**, houses were objects of everyone's envy in the past but as ② **many people are suffering from struggles** as house owners and ③ **worries about increase of house prices disappeared**, ④ **necessity** to shift paradigm from perceiving houses as object of investment to object of residence ④ **is emerging**.

| 관련설명 |

– "이런 시점에서"의 속뜻은 '이런 어려운 시기에' 입니다. 그러므로 at this moment보다는 at this juncture, at this critical juncture, at this urgent juncture이 더 적절한 표현입니다.

– "어려움을 겪는 사람들이 늘어나고 있으며"를 영어 구조로 바꾸면 "점점 더 늘어나는 사람들이 어려움을 겪고 있으며"가 됩니다. growing number of people이라는 영어 표현을 활용합니다.

• many people are suffering from struggles → a growing number of people are struggling

– "주택 가격이 급등"은 "급등하는 주택 가격"의 구조로 바꾸어 "급등하는 주택가격에 대한 기대감"을 주어로 합니다. 동사는 "사라지다"입니다. 흔히 쓰이는 동사는 disappear나 vanish이지만, 초대장이니 evaporate를 씁니다.

• worries about increase of house prices disappeared → Now that expectations for surging housing prices have evaporated

참고로 evaporate는 자동사로, 다음과 같이 쓰이기도 합니다.

1) 주택 담보 대출 시장이 붕괴하면서 저리나 계약금 면제 조건 대출 같은 **손쉬운 자금**이 시장에서 **사라졌다**.

As the mortgage market collapses, **easy money** in the form of low interest or no down payment loans **evaporated**.

2) **우리의 두려움이** 마침내 **사라졌다**.

Our fears at last **evaporated**.

– "~할 필요성이 대두되고 있다"를 우리말 구조 그대로 번역하면 주어가 길고 서술어는 짧은 기형적인 문장이 됩니다. 이런 경우 "대두되고 있다" 혹은 "~한 인식이 바뀌다"에 해당되는 영어 표현인 it should be understood that~을 활용하면 주어와 서술어의 길이가 적절히 균형을 이룬 번역을 할

수 있습니다. 또한 패러다임을 전환하는 것은 주택에 대한 개념이 바뀐결과이니 accordingly를 추가합니다.

• necessity ~ is emerging → it should be understood that ~ accordingly

| 수정번역 |

At this critical juncture, a growing number of people are struggling with their houses that were once everyone's aspiration. Now that expectations for surging housing prices have evaporated, it should be understood that houses are for residence, not for investment and the paradigm of housing policies should be shifted accordingly.

---

① 이번 국제회의는 지난 1년의 연구를 매듭지으면서 ② 해외 유수의 전문가들을 초빙하여 시장의 주요 변수, 주택 금융, 세제 개편, 저소득층 주거 지원 등 주택 시장 전반에 걸친 주요 과제에 대한 ③ 종합적인 논의와 더불어 우리의 주택 시장 현황을 ③ 진단하고, 주택 문제에 대한 선진국의 경험과 정책 성과를 ③ 공유함으로써 우리 주택 문제에 대한 바람직한 대응 방안을 ③ 모색하는 뜻깊은 자리가 될 것입니다.

| 학생번역 |

① **This international conference tying the knots of the past one-year research**, will be a meaningful place ③ **to explore** desirable countermeasures on Korea housing issues ② **by inviting**

prominent experts abroad, ③ **discussing** overall tasks such as major variables in housing market, housing finance, tax revamp and housing support to low—income families, ③ **diagnosing** the current status of Korean housing market and ③ **sharing** developed countries' experience and political outcomes on housing issues.

| 관련설명 |

−한 문단이 한 문장입니다. 이처럼 긴 문장을 번역할 때는 먼저 전체를 한 문장으로 번역할 것인지, 두 문장으로 끊어 번역할 것인지 결정해야 합니다. 한 문장으로 번역하면 영어식 구조를 만들 수 없다는 판단이 서면 두 문장으로 번역하는 것이 맞습니다.

원문의 핵심어를 정리하면 '연구 매듭짓는 / 이번 국제회의 / 초빙 / 전문가 / (이유) 종합적 논의, 현황 진단, 성과 공유 / (궁극적인 이유) 대응 방안 모색'의 구조입니다. 이 전체 구조를 유지하면서 사이사이 필요한 내용을 번역하면 되겠습니다.

−원문은 "이번 국제회의는 지난 1년의 연구를 매듭지으면서"지만 영어 구조로는 "지난 1년의 연구를 매듭지으면서"의 분사구문이 문장의 처음에 오는 어순으로 번역해야 합니다.

그리고 "매듭짓다"는 '결론짓다', '끝을 보다'라는 의미인데, 이 단어를 영어로 그대로 직역하면 '결혼하다'의 의미가 되므로 주의해야 합니다. 연구와 같이 자주 쓰이는 동사인 conclude, wrap up 등을 사용합니다.

• tying the knots of the past one—year research → Concluding the research conducted during the past year

- "해외 유수의 전문가들을 초빙하여"에서 "초빙하다"는 병행 지문에서 정리한 대로 invite로 번역해도 되고 bring together+목적어의 형태로 쓸 수도 있습니다.
 • by inviting prominent experts abroad → bring together international and domestic experts

- "논의, 진단, 공유"하기 위해 유수한 인력을 초빙한다는 목적의 구조로 번역합니다.
"논의, 진단, 공유"를 하는 이유는 우리 주택 문제에 대한 대응 방안을 "모색하기 위한 것"입니다. 그러나 이 말 그대로 번역하면 목적이 중복되므로 좋지 않은 문장 구조가 됩니다. 이런 경우의 해결 방안은 전치사구나 부사를 활용하는 것입니다.
 • **to explore** ~ **discussing** overall tasks such as major variables in housing market, housing finance, tax revamp and housing support to low-income families, **diagnosing** the current status of Korean housing market and **sharing** developed countries' experience and political outcomes on housing issues → **to have comprehensive discussions on** major challenges in the housing industry such as fundamental market variables, housing finance, tax reform, low income housing aids, **assess** the current status of the Korean housing market and **relate** the experience of developed countries

and ultimately explore effective policy options on these issues

참고로 전치사구나 부사구를 활용하여 번역한 예를 살펴보겠습니다.

　ex. 많은 전문가를 모신 가운데 이번 문제를 **살펴보고** 그에 따른 대응 방

　　　안을 **모색하고자 합니다.**

　　　–전치사구를 이용한 번역: We will invite many experts to attend

　　　this conference to examine the issue, **hoping that(= in the**

　　　hope that) effective countermeasures will be taken.

　　　–부사를 이용한 번역: We will invite many experts to attend this

　　　conference to examine the issue and **ultimately** take

　　　effective countermeasures.

| 수정번역 |

Concluding the research conducted during the past year, this
conference will bring together international and domestic experts
to have comprehensive discussions on major challenges in the
housing industry such as fundamental market variables, housing
finance, tax reform, low income housing aids, assess the current
status of the Korean housing market and relate the experience of
developed countries and ultimately explore effective policy options
on these issues.

①**바쁘시더라도** 부디 이번 국제회의에 참석하시어 ②**고견을 나누어 주**
시고 자리를 빛내 주시면 감사하겠습니다.

일 시: 2012년 6월 2일 (목) 09: 00~18: 00

6월 3일 (금) 09: 30~16: 00

장 소: 한국개발연구원 대회의실

모든 세션에 동시통역이 제공됩니다.

원활한 행사 준비를 위해 ③ **사전 참가 예약을 받습니다.** 회의 참가를 바라시는 분들은 아래 주소로 이름, 소속, 직급, 전화번호, ④ **참가 세션** 등을 ⑤ **기재하시어** 참가 신청 메일을 보내 주시기 바랍니다.

| 학생번역 |

① **Even though you are busy**, your attendance to the conference and ② **sharing your opinions will be appreciated**.

Date: 9: 00~18: 00 2nd, June (Thurs) 2012

9: 30~16: 00 3rd, June (Fri) 2012

Venue: Grand Conference Room in KDI

Spontaneous interpretation is offered in every session

We ③ **receive reservation in advance** to facilitate the event. Those who want to participate in the conference should send application e-mail by ⑤ **writing** name, department, title, phone number, ④ **participation session** to the following address.

– "바쁘시더라도"는 우리말 표현입니다. 이에 상응하는 영어 표현으로는 we cordially invite~가 있습니다.

• Even though you are busy → we cordially invite

– "고견을 나누어 주시고 자리를 빛내 주시면 감사하겠습니다." 에 해당되는 영어 표현은 your invaluable input and keen interest입니다. 영어 초대장은 우리말과 표현이 다르니 먼저 다양한 영문 초대장을 살펴본 후 적절한 영어식 표현을 찾아 번역해야겠습니다.

• sharing your opinions will be appreciated → look forward to your keen interest and invaluable input

– "사전 참가 예약"의 영어 표현은 preconference registration입니다. 참고로 '미리'의 뜻을 가진 접두사 pre를 이용한 표현에는 take a pretest(예비 테스트), make a preoder(예약 주문), preschoolers(학령 전 아동, 미취학 아동), preheat an oven(오븐을 예열하다), make prepayment(선불하다), take precaution(예방책을 찾다) 등이 있습니다.

• receive reservation in advance → preconference registration would be appreciated

– "참가 세션"은 우리말 그대로 번역하면 안 됩니다. 한영 번역을 할 때 중요한 부분입니다. "배후 조직"처럼 우리말을 그대로 번역해서는 안 되는 경우입니다. 먼저 "참가 세션"을 최소 의미로 나눈 후 단어의 관계를 따져 봐야

합니다. 이 단어의 의미상 영어 구조는 "참가를 원하는 세션" 입니다.

- participation session → If you would like to attend the conference

－"기재하시어"와 직접 연결되는 단어는 '(기재한) 메일' 입니다. 이런 경우 an email with~의 표현으로 번역하는 것을 기억해 두십시오.

- writing → an email with~

| 수정번역 |

We cordially invite you to join us at the conference, and look forward to your keen interest and invaluable input.

Date: June 2nd~3rd, 2012

Venue: KDI Conference Hall

Simultaneous interpreting service will be provided for all the sessions.

Your preconference registration would be appreciated for efficient management of the conference. If you would like to attend the conference, please send an email with your name, company, title and telephone number and sessions you are interested in to the email address provided below.

4. 실용문에서 자주 나오는 표현

1| **'사랑하는'** 이라는 말은 공식 초대장을 쓸 때 적합한 단어가 아니다.

'Dear' is not the appropriate word to use in writing an official invitation.

2| 초대장의 **표제어**는 초청 인사의 관심을 끌며 그 모임의 성격에 대해 간략하게 쓰는 곳이다.

In **Headline**, begin eye-catching caption that grabs your target audience's attention and succinctly explains the gist of the meeting.

3| 초대장의 **세부 사항**은 초대하는 사람과 표제어에서 언급한 행사에 관한 자세한 정보를 제공하는 부분이다.

Details about the host and your headline are intended to give invitees more in-depth information.

4| **이번 세미나에는** 고객 관계 관리에 종사하는 유명 연사와 학자들이 **참석합니다.**

The seminar will gather eminent speakers and scholars engaged in the management of customer relations.

5| 이번 세미나에 참석해 주시면 **정말 영광이겠습니다.**

It would be our great honor if you can attend this seminar.

6| 이번 세미나가 모든 참석자들에게 **풍부한 경험을 공유할 수 있는 장**이 되기를 희망합니다.

We hope the seminar will provide **a platform to share**

enriching experience for all of the participants.

7ㅣ **불참할 경우에 알려 달라**고, 손님에게 원하면 초대장에 분명히 명시하세요.

If you need your attendees to **Regrets only**, indicate this clearly in the invitation.

8ㅣ 짧지만 의미 있는 Sincerely, Always, Very truly yours와 같은 **끝인사**로 초청인의 마음을 표현할 수 있다.

Short but meaningful **closing address**, such as "Sincerely", "Always", or "Very truly yours", can express the extent of your feelings.

9ㅣ **좌석표**는 손님이 앉을 자리를 보여 주는 것이다.

The place card is to show people where they will be seated at your reception dinner.

10ㅣ 찰스 부부가 딸 산드라와 데이비드의 결혼식을 **알립니다.**

Mr. and Mrs. Charles **are pleased to announce** the marriage of their daughter Sandra to David.

11ㅣ 윌슨 부부의 결혼 50주년을 기념하는 디너파티**에 모시고자 합니다.**

You **are cordially invited to** a celebratory dinner honoring fifty years of marriage of Mr. and Mrs. Wilson.

12ㅣ 힌스 부부가 아들 브란도**의 탄생을 알립니다.**

Mr. and Mrs. Hines **proudly announce the arrival of** Brando.

13ㅣ 손튼 부부의 딸 마리가 **2014년에 졸업함을 알립니다.**

Mr. and Mrs. Thornton are proud to **announce the graduation of** their daughter Melanie Marie **Class of 2014**.

14| 기쁨이 가득한 휴일을 맞아 저녁을 **함께하고자 합니다**.

Please join us for a Festive Holiday Dinner celebrating the joyous season.

15| 도날드 부부가 딸의 결혼식에 **삼가 모시고자 합니다**.

Mr. and Mrs. Donald **request the honor of your presence** at the marriage of their daughter.

16| 아드님의 결혼식에 **초대해 주셔서 기쁩니다**.

I am delighted to receive in today's mail **the invitation** to your son's wedding.

17| 결혼식 날 뵙기를 **고대합니다**.

I look forward to the day of the wedding with much happiness.

18| 귀사를 우리 **행사**에 정중히 초대합니다.

We cordially invite your company to attend our **function**.

19| 7월의 스케줄 때문에 올해의 초대에 응할 수 없어 **유감입니다**.

I regret that my schedule for July prevents me from accepting your invitation this year.

20| 초대에 감사드리며 행사가 성공적으로 끝날 것을 확신하며 **행운을 기원합니다**.

I thank you for your kind invitation and **wish you the very best of luck with** what I'm sure will be a very successful evening.

5. 총정리

이번 장에서는 행사를 알리는 초대장을 번역했습니다. 먼저 병행 지문에서는 회의 초대장, 이메일 초대장, 결혼식 초대장 등 여러 가지 초대장과 참석 여부를 알리는 편지를 살펴보았습니다.

영미권에서 초대장을 쓸 때 주의할 점도 언급했습니다. 정리하면 헤드라인(headline)에는 초대하는 사람과 행사 내용을 간략하게 제시합니다. 그 다음 디테일(details) 부분에서 앞서 언급한 행사 내용을 좀 더 자세히 언급합니다. 그리고 시간과 장소(when and where) 부분에서는 요일, 일, 월, 년도, 시간 순으로 제시하고, 장소는 번지, 도로명, 지명, 주명, 나라명의 순서로 제시합니다.

우리말의 초대장에는 "바쁘시겠지만" 꼭 참석해 주셨으면 한다는 표현이 많습니다만, 영어는 그대로 쓰지 않고 cordially invite라는 표현으로 대신합니다. 또 "우리가" 초대한다고 하지 않고 "ㅇㅇ부부"가 초대한다고 씁니다. "참석하시기를 바란다"의 영어 표현인 request the honor of your presence at~은 정확하게 외워 두면 좋습니다.

얼마 전에도 청첩장을 하나 받았습니다. 요즘 제자들이 보내오는 청첩장들은 너무나 예뻐서 예술 작품 같습니다. 누구나 초대장을 보낼 때 나쁜 마음으로 보내지는 않을 것입니다. 보낸 순간의 그 소중한 마음 그대로 살아가면 좋겠습니다.

하루가 즐거운
Punchline

질문: 컴퓨터에서 우주 비행사가 가장 좋아하는 곳은?

대답: 스페이스 바.

Q: What is a astronaut's favorite place on the computer?

A: The space bar.

1. 병행 지문

영한 지문을 먼저 보면서 영어 구조와 표현을 학습하겠습니다.

EX1 Hello, Memphis! And **congratulations to the Class of 2011!** **I want to recognize** all the people who helped you **reach this milestone**: the parents and grandparents, aunts and uncles, sisters and brothers, friends and neighbors who have loved you and **stood behind you every step of the way**. And I want to acknowledge **the devoted teachers and administrators** of Booker T. Washington who believed in you, and who have **never treated teaching as a job but as a calling**.

(Obama's Commencement Speech At Booker T. Washington)

🈯️ 멤피스 시민 여러분 안녕하세요. 그리고 2011년 졸업생 여러분 졸업을 축하합니다!

우선 여러분이 오늘 졸업할 수 있도록 도와주신 분들께 감사를 표하고 싶습니다. 부모님, 조부모님, 고모, 이모, 삼촌, 형제자매, 친구 그리고 이웃들이 여러분께 지원을 아끼지 않았습니다. 또한 부커스 티 워싱턴(Booker T. Washington) 고등학교에서 근무하시는 헌신적인 교직원 여러분의 공로도 치하하고 싶습니다. 여러분을 믿고 교직을 천직으로 여기시는 분들입니다.

번역에 유용한 구조

−never treated teaching as a job but as a calling: 직업이 아니라 천직이다

번역에 유용한 표현

−Congratulations to the Class of 2011: 2011년 졸업생 여러분 축하합니다: congratulations는 항상 복수형으로 쓴다. 그리고 우리는 입학 연도를 기억해 2011학번이라고 하지만 영어권은 졸업 연도를 기준으로 부른다. 예를 들어 2014년 입학생은 Class of 2018이다.
참고로 항상 복수형을 쓰는 명사에는 groceries(식료품), customs(세관), Many thanks(대단히 감사합니다), scissors(가위), shorts(반바지), jeans(청바지), pants(바지), socks(양말), shoes(신발), glasses(안경), greetings(인사말) 등이 있다.
−I want to recognize~ / I want to acknowledge~: ~의 공로를 치하하다
−reach this milestone: 대업을 이루다: 이 지문에서는 '졸업할 수 있게'의 의미로 쓰였다.

ex. Hyundai reached the milestone in Chinese market.

현대가 중국 시장에 진출하는 대업을 이뤘습니다.

−stand behind you every step of the way: 잘 돌봐주다: 길 위의 모든 발자국마다 뒤에서 받쳐 준다는 의미입니다. 영어는 눈에 보이는 듯한 표현이 많은 것이 특징입니다.

−the devoted teachers and administrators: 헌신적인 교직원 여러분: 교직원을 의미하는 teachers and administrators도 암기해 두면 좋다.

cf. devoted children: 효자 효녀 / devoted parents: 희생적인 부모님

EX 2 By strengthening the three pillars of the United Nations— security, development and human rights—we can build a more peaceful, more prosperous and more just world **for our succeeding generations**. As we **pursue our collective endeavour to** reach that goal, **my first priority** will be to **restore trust**. I will seek to **act as a harmonizer and bridge−builder**. And I hope to **become known to** all of you **as a Secretary− General who is accessible**, hardworking, and prepared to **listen attentively**.

(UN Secretary−General Ban Ki−moon's Inaugural Address 14 December 2006)

번역 안보, 발전, 인권이라는 3개의 유엔 핵심 축을 강화함으로써 우리는 다음 세대를 위한 좀 더 평화롭고 번영되며 정의로운 세상을 구현할 수 있습니다. 그런 목표 달성에 총력을 기울이는 한편 가장 중점적인 부분은 신뢰 회복입

니다. 저는 조화를 이루는 다리 역할을 하는 유엔 사무총장이 되겠습니다. 그리고 여러분 모두에게 신임 사무총장은 벽이 없는 사람, 근면한 사람, 귀담아 이야기를 들어 주는 사람으로 다가가겠습니다.

번역에 유용한 구조

−~be known to 사람 as ~: ~로서 사람들에게 알려지다

번역에 유용한 표현

−for our succeeding generations: 다음 세대를 위한

−pursue our collective endeavors to~: ~에 총력을 기울이다

−my first priority: 가장 중점을 둘 곳

−restore trust: 신뢰를 회복하다

−act as a harmonizer and bridge−builder: 조화를 이루는 사람, 다리 역할을 하는 사람이 되다

−a Secretary−General who is accessible: 벽이 없는 사무총장

−listen attentively: 귀담아 듣다

  cf. listen half−heartedly: 건성으로 듣다 / listen inattentively: 귓등으로 듣다

EX 3 **When my first children's book was published** in 2001, I **returned to my old elementary school** to talk to the students about being an author and an illustrator, and I looked across the cafeteria, and there she was: my old **lunch lady**. And she started telling me about her grandkids, and that **blew my mind**. I thought she lived in the cafeteria with the serving spoons. Well, **that chance encounter inspired my imagination**, and I created the Lunch Lady graphic novel series, a series of comics about a lunch lady who uses her fish stick to **fight off** evil cyborg **substitutes**, a school bus monster, and the end of every book, they **proclaim, "Justice is served!"**

(Jarrett J. Krosoczka, Why lunch ladies are heroes)

번역 2001년 첫 번째 어린이 책이 나오자 저는 학생들에게 작가와 삽화가에 관한 이야기를 하기 위해 모교인 초등학교를 방문했고 그때 학생 식당 저편에 그 아주머니가 계셨습니다. 예전에도 제게 급식을 만들어 주신 분이셨습니다. 그분은 저에게 자신의 손주에 대해 이야기하셨고 저는 깜짝 놀랐습니다. 왜냐하면 저는 그분이 서빙스푼을 들고 학생 식당에서만 사시는 줄 알았거든요. 어쨌든 그 일이 계기가 되어 『급식 아줌마(Lunch Lady)』라는 소설과 만화 시리즈를 만들 수 있었고 그 책은 급식 아줌마가 긴 생선튀김으로 사이보그 악당 대리 교사를 물리치고 스쿨버스 유령과도 싸워 이긴 후 늘 "정의는 살아 있다!"라고 외치고 끝납니다.

번역에 유용한 구조

-When 주어+동사: ~하자

  ex. 법안이 통과되자 시민들은 환호성을 질렀다.

    When the bill was passed, the public hailed the news.

–that chance encounter: 이 문장에 쓰인 chance는 형용사로, 대개 encounter 혹은 meeting 등의 명사 앞에서만 사용된다. 그 뜻은 '우연한' 이다.

번역에 유용한 표현

–return to my old elementary school: 졸업한 초등학교를 방문하다

–lunch lady: 급식 아줌마: 학생 식당에서 급식을 만들어 주는 사람

–blow one's mind: 기절할 듯이 놀라게 하다

–inspire my imagination: (주어 덕분에) 영감을 얻다

–fight off: 싸워 물리치다

–a substitute or substitutes: 대리 교사: 영어권 학교에서는 선생님이 결근 하면 대리 교사가 수업을 한다.

–proclaim "Justice is served!" : "정의는 살아 있다!"라고 외치다

2. 한영 번역 지문과 강의

여기서는 제가 쓴 짧은 에세이 몇 편을 번역하면서 그 번역 과정을 설명하겠 습니다.

나만의 강점을 찾아 갈고닦자
① **성경에** 다윗과 골리앗의 이야기**가 나옵니다.** 골리앗은 힘이 ② **장사 였지만** 멀리서 자신의 강점인 새총을 쏘는 다윗에게 패배를 당했습니다.

오늘밤에는 자신이 가진 강점에 대해 차분히 ③ **생각해 봅시다.** 어떻게 그게 강점이냐고 비웃는 사람을 비웃어 줄 수 있도록 자신의 강점을 ④ **더욱 갈고닦읍시다.** 그러면 ⑤ **언젠가는** 다윗과 같이 자신의 재능을 발휘할 수 있는 기회를 잡게 될 것입니다.

| 관련설명 |

– "성경에 ~가 나옵니다" 의 우리말 구조를 The Bible has~의 영어 구조로 바꾸어 번역해야 합니다.

참고로 '이야기' 를 뜻하는 영어 단어들 몇 가지를 짚고 넘어가겠습니다.

  1) story: 화자 중심의 허구 혹은 사실적인 이야기나 일대기

    ex. adventure stories(모험 이야기) / the story of the Beatles(비틀

       즈 일대기)

  2) tale: 각색된 허구의 이야기

    ex. "a Tale of Simcheong"(심청전)

  3) account: 설명을 위한 사실적인 이야기

    ex. an account of space flight(우주 비행 이야기)

– "~였지만" 은 골리앗이 '힘이 세다고 널리 알려져 있었다' 는 의미이니 be known for로 번역합니다.

– "생각해 봅시다" 에 해당하는 영어 표현은 Take a moment로 시작합니다. 생각하는 시간을 가져 보자는 의미이지요. 우리말 그대로 Let's think라고 번역하지 않도록 주의합시다.

더욱이 여기서 '생각해 본다' 는 것은 논리적으로 무엇을 생각한다기보다는 시간을 가지고 자신의 강점을 곰곰이 생각해 본다는 의미이므로 take stock of가 적당합니다.

– "더욱 갈고닦읍시다" 는 그대로 번역하지 말고 그 뒤에 숨은 의미를 찾아 번역해야 합니다. "더욱"은 '계속' 의 의미이므로 keep ~ing로 번역합니다. '갈고닦다' 라는 의미를 가지고 있는 단어는 앞에서 살펴본 develop, sharpen 등이 있습니다.

– "언젠가는~" 에 해당하는 영어 표현은 The day will come when ~입니다.

| 번역 |

Sharpen your own advantage

The Bible has an account of David and Goliath. Although Goliath **was known for** his towering physical strength, he was nevertheless defeated by David, who fully exploited the slingshot he was adroit at. Tonight, **take a moment** to thoroughly **take stock of** your own strength. Make sure to **keep developing** your strength as much as you can so that you overcome those who once dismissed yours. **The day will undoubtedly come when** you can grab an opportunity to show the true value of your strength.

① **같은 교실, 같은 졸업장**

"지금은 여러분이 같은 공간에서 ② **수업을 받지만** 10년 후에는 각자가 있는 곳이 달라집니다."

평소 학생들에게 자주 하는 말입니다. 지금 같은 곳에 있어도 자신의 현재의 노력 여하에 따라 나중에는 ③ **다른 곳에 있을 것이라는 이야기는,** 당연한 말이긴 하지만 ④ **한번 되새겨 볼 필요가 있지요.**

⑤ **졸업장도 마찬가지입니다.** 졸업장은 다 똑같이 생겼지만, 그 안에 쓰여 있는 주민등록번호와 이름이 ⑥ **다릅니다.** 졸업장에 쓰인 이름에 따라 그 졸업장의 ⑦ **가치는 달라집니다.** 곧장 ⑧ **장롱으로 들어가는 졸업장**도 있고, 잘 활용되어 대학 등록금의 천 배, 만 배를 만들어 내는 졸업장도 있습니다. 졸업장은 같은데, 세상에 나가 졸업장을 활용하는 각각의 사람이 ⑨ **다를 뿐입니다.**

| 관련설명 |

-우리말은 "같은 교실, 같은 졸업장"이지만 졸업장의 이름은 모두 다르기 때문에 번역할 때는 '거의 같은'의 뜻을 가진 the nearly identical~을 활용합니다.

-"수업을 받다"에 해당하는 영어 표현은 take a class 혹은 take classes입니다.

-"다른 곳에 있을 것이라는 이야기"는 "다른 곳에 있을 것"만 잘 번역하면 됩니다. 즉 원문을 영어 구조를 만들기 위해 불필요한 부분은 삭제하고 번역

하는 훈련이 필요합니다.

예를 들면 "그 대통령은 국민에게 사랑을 받는 **지도자이다**."는 반복되는 '지도자'를 삭제해 The President is loved by the public.으로 간명하게 번역할 수 있습니다.

마찬가지로 "다른 곳에 있을 것"은 그때 어디에 있을지 현재로서는 알 수 없기 때문에 이에 해당하는 영어 표현인 find yourself in different circumstances로 번역합니다.

참고로 You found yourself standing.과 You were standing.의 차이를 알아보겠습니다. 전자는 '내 의지와 다르게 혹은 나도 모르게 서 있는 상황'을 묘사합니다. 그리고 후자는 '자신의 의지로 서 있는 것'을 묘사합니다.

-우선 "한번 되새겨 보다"가 무엇을 되새겨 보는 것인지 목적어를 문장 안에서 찾아야 합니다. '지금 같은 곳에 있어도 10년 뒤 다른 곳에 있을 것'이 목적어입니다. 원문에 '을, 를'이 붙어 있는 단어가 목적어가 아닌 경우도 있으므로 핵심어를 정리하여 영어 구조로 재배열해 보아야 합니다.

그리고 "되새겨 볼 필요가 있지요"에서 '~해 보다'를 '~해 볼 가치가 있다'로 번역하면 좋겠습니다.

-"졸업장도 마찬가지입니다"는 앞의 같은 교실과 마찬가지라는 의미이니 연결어 likewise를 활용해 번역합니다.

-우리말 원문에 "다르다"라는 표현이 반복되어 나옵니다. 이런 경우 '다르다(differ in)', '다른(difference)'으로 품사에 변화를 주는 방법도 활용할

수 있습니다.

    ex. 불어와 영어는 어휘가 다르다.

      French and English **differ in** vocabulary.

      French and English **have difference in** vocabulary.

- "가치는 달라집니다" 의 본래 의미는 '가치가 정해진다' 일 것입니다.

유행하는 말 중에 "~라고 쓰고 ~라고 읽는다" 는 말이 있습니다. 예를 들면 "연구 사업비라고 쓰고 접대비라고 읽는다." 라고 말하는데, 실제 쓰인 것과 읽히는 것이 다르다는 말입니다. 번역에도 이 말이 적용됩니다. 우리말을 읽히는 대로 번역하지 말고 쓰인 본래의 의미대로 번역해야 합니다.

학생들이 번역한 것을 보면 원문을 여러 번 읽고 행간의 의미를 읽어 낸 학생은 본래 의미를 살리는 번역이 가능합니다. 하지만 원문을 다독하지 않고 그냥 번역한 학생은 원문을 직역하는 경향이 있습니다. 한영 번역의 시작은 '원문 다독과 분석' 입니다.

- "장롱으로 들어가는 졸업장" 은 문화가 반영된 원문입니다. '장롱면허' 라는 말과 같이 진짜 장롱으로 들어가는 것은 아니고 거의 쓰이지 않는다는 의미니까요.

번역학자 로렌스 베누티(Lawrence Venuti)는 자국화(domestication)와 이국화(foreignization)라는 용어를 번역학에 도입했습니다. '자국화' 는 번역하려는 언어(도착어)에 가까운 구조와 표현으로 번역하는 것입니다. 예를 들면 Talk to a brick wall.(벽에다 얘기하다.), Open Pandora's box.(긁어 부스럼이다.)와 같습니다.

'이국화'는 원문의 구조와 표현(출발어)에 충실한 번역하는 것입니다. 예를 들면 Talk to a brick wall.(벽돌 벽에다 얘기하다.), Open Pandora's box.(판도라의 상자를 열다.)와 같습니다.

독자의 이해를 돕는 것도 중요하지만 번역이 타문화를 소개하는 역할도 하고 있음을 고려한다면 쉬운 결정은 아닙니다. 번역사마다 다른 결정을 내리겠지만, 저는 영어 본래의 의미를 살리기 위해 obsolete를 선택했습니다.

– "다를 뿐입니다"는 "(각자에게) 달려 있습니다"로 번역합니다.

| 번역 |

The identical classroom and the nearly identical graduation certificate

"You **take classes** in the same classroom now but each of you will be in diverse circumstances within a decade." That's what I frequently tell students. It is natural but **worth ruminating** that each student who is in the class room now will **find themselves in different circumstances** in proportion to the efforts they are currently expending.

Likewise, graduation certificates are nearly identical, **differing** only **in** the recipients' identification number and name. Any difference in the value among graduation certificates **is determined** by the merits and potential of each holder. Some render their graduation certificates **obsolete** upon graduation while others enhance their value up to thousands or tens of thousands of times the tuition they paid to obtain them. With identical graduation certificates, the only difference **depends on** those holders who spare no effort in developing themselves.

누군가로부터 모욕을 받으셨나요?

① 〈무릎팍도사〉에 출연한 이경실 씨가 자신의 중학교 시절 이야기를 했습니다. 중학교 때 그녀는 담임선생님의 ② **수업 시간에 교과서를 가져가지 않은 일**이 한 번 있었습니다. 이날 우연히 그녀의 짝꿍도 교과서를 가져오지 않았습니다. 선생님은 짝꿍에게 "학생이 교과서를 가져오지 않은 것은 전쟁터에 총알을 ③ **가져가지 않은 것이다.**"라며 꾸중을 하셨습니다. 이경실 씨는 자신도 짝꿍처럼 혼날 것이라고 생각했다고 합니다. 그런데 이경실 자신에게는 ④ **"정신 상태가 썩었다."**며 **뺨까지 날리셨습니다.** ⑤ **그 이유는** 이경실의 가정 형편은 등록금을 못 낼 정도로 가난했고 짝꿍네 집은 부자였다는 것이었습니다.

| 관련설명 |

- "〈무릎팍도사〉에 출연한 이경실" 은 외국인 독자에게는 낯선 단어들입니다. 그러니 〈무릎팍도사〉는 처음 번역한 후 방송 프로그램임을 설명하고, 이경실이 어떤 사람인지 추가해서 정보를 제공합니다.

- "수업 시간에 ~를 가져가지 않은 일" 에서 '가져가다'에 해당하는 단어는 take와 bring 중 어느 쪽일까요? 기준은 항상 '말하는 사람과 듣는 사람이

있는 쪽' 이 됩니다. come과 go의 사용도 마찬가지입니다.

1. bring / take: 화자나 청자의 위치에 따라 사용한다.

    ex. Thanks for bringing me here. (내 쪽)

       I brought it to you. (네 쪽)

       Can you bring the car at noon? (내 쪽)

       I'll take you home. (화자가 있는 곳이 아닌 다른 곳)

       I took the papers to John's office. (화자가 있는 곳이 아닌 다른 곳)

2. come / go: 화자나 청자의 (과거/미래) 위치에 따라 사용한다.

    ex. Would you come to live here? (내 쪽)

       What time did I come to see you? (네 쪽)

       Susan can't come to your office. (네 쪽)

       I want to go and live in Greece? (화자가 있는 곳이 아닌 다른 곳)

       I went to Johns' office. (화자가 있는 곳이 아닌 다른 곳)

       She's going to see her mother. (화자가 있는 곳이 아닌 다른 곳)

- "가져가지 않은 것이다" 라고 '학생과 책' 을 '군인과 총알' 에 비유했으니 be analogous to로 번역합니다.

- " '정신 상태가 썩었다' 며 뺨까지 날리셨습니다" 는 주어가 생략된 문장입니다. '선생님' 이라는 주어를 찾아야 '선생님이 ~에게 ~하고 ~했다' 는 영어 구조가 가능해집니다.

- "그 이유" 에서 중요한 것은 '그' 입니다. '그' 가 가리키는 의미는 똑같은 잘

못에 대한 짝꿍과 자신이 받은 차별화된 처벌(discriminatory treatment)입니다. 우리말은 앞에 나온 말을 다시 언급할 때 지시대명사로 언급하는 경향이 있는데, 번역을 할 때는 그 말이 가리키는 **구체적인 의미**로 번역해야 정확한 의미 전달이 됩니다.

> ex. 민주주의의 핵심은 '대화'이고 이를 발전시키기 위해서는 소통이 원활히 이루어져야 한다.
>
> To develop "dialogue", the integral value of a mature democracy, communication should be actively facilitated.
>
> "이를"이 민주주의의 핵심인 "대화"를 지칭한다는 것을 밝혀 번역합니다.

| 번역 |

Have you ever been humiliated?

An entertainer, Kyungsil Lee, shared her story about her middle school days on **the TV talk show Mureuppak Dosa (The Fortune Teller)**. One day, she forgot to **bring** her textbook to her homeroom teacher's class. Coincidently, the classmate next to her did the same. The teacher scolded her classmate by saying that a student failing to bring the textbook **is analogous to** a solder who forget to bring his rifle to the battlefield. Ms. Lee expected that she would be scolded like her classmate. **However, the teacher instead slapped her across the face, shouting that she had a poor mental attitude towards scholastics.** However, Ms. Lee knew the real reason for the **discriminatory treatment**; her parents were too poor to pay her tuition whereas her classmate's parents were affluent.

---

① 그 일을 **겪으며** 이경실 씨는 '나중에 내 자녀의 등록금 정도는 잘 낼 수 있는 사람이 되자.'고 결심했다고 합니다. 그리고 지금은 ② **오히려** 그 선생님에게 **감사하다고 말했습니다.** 누구나 살아가면서 한 번은 ③ **그런 순간**을 경험합니다. 이경실 씨처럼 뺨을 맞았을 수도 있고, '네가 할 수 있겠어?' 하는 ④ **말이나 깔보는 눈길**에 괴로워했을 수도 있고, '감히 어디를 넘봐?' 하는 ⑤ **무언의 압력**을 느꼈을 수도 있습니다. 하지만 ⑥ **사람**에 따라 ⑦ **대처하는 방식은 다릅니다.** 어떤 사람은 "내가 꼭 갚아 주고 만다."라며 굳은 결심을 하고 또 어떤 사람은 ⑧ **자살을 결심합니다.**

| 관련설명 |

–"그 일을 겪으며"는 앞에 그 내용이 나와 있으니 '결심'을 강조하기 위해 '그날' 혹은 '그때'로 번역합니다.

–"오히려 감사하다고 말했습니다."는 그 선생님이 자신이 성공하기를 바라서 그런 처벌을 한 것은 아니지만 그 일이 계기가 되어 열심히 노력해 성공했으니 감사하다는 의미일 것입니다. 이런 의미가 잘 전달되도록 번역해야 합니다. "감사하다"를 번역할 때 흔히 쓰이는 'be grateful to 사람 for 일'은 좋은 일일 경우에만 사용합니다.

    ex. I am grateful to you for your kindness.

그런데 위의 지문은 모욕을 준 것이 고마운 경우이니 'be grateful to 사람 for 일' 을 사용할 수 없습니다. 대신 'be thankful to 사람 for 일' 또는 정중한 표현인 'be appreciative to 사람 for 일' 로 번역해야 합니다.

– "그런 순간" 은 다시 한 번 생각해 보면 '그런 처지' 를 의미하는데, 이에 해당하는 영어 표현은 be in one's shoes입니다.

– "말이나 깔보는 눈길" 에서 우리말의 "말" 은 '단어' 를 가리킬 때도 있고 '구절' 을 가리킬 때도 있지만, 영어는 이 둘을 words와 phrases로 구별합니다. 여기서는 phrases로 번역하는 것이 맞습니다.
그리고 '깔보는 눈길' 에 해당하는 영어 표현은 condescending입니다.

– "무언의 압력" 이 들어 있는 문장은 누구든지 빰을 맞을 수 있고, 깔보는 말이나 눈길을 당할 수도 있고, 무언의 압력을 느꼈을 수도 있다는 비슷한 경우가 나열된 문장입니다. 여기서 첫 번째인 "누구든지 빰을 맞을 수 있고" 가 수동형 문장이기 때문에 전체 문장의 통일을 위해 뒤의 두 가지 경우도 수동형으로 번역할 수 있는 구조를 생각해야 합니다.
그러니 "무언의 압력" 은 silent pressure가 아니라 "말없이 위협을 당하다" 인 be silently intimidated의 형태로 번역합니다.

– "사람" 이라고 읽고 "피해자" 라고 번역합니다. 영어의 특징 중 하나는 하나의 대상을 같은 표현으로 반복해서 부르지 않고 다른 표현을 쓴다는 것, 또하나는 그 대상의 상황을 반영한 표현을 쓴다는 것입니다. 원문은 '사람' 이

지만 그 뜻은 '폭력을 당하는 사람' 이니 the victim으로 번역합니다.

  ex. 여자는 **남자 친구**가 헤어지자고 하자 그 남자 친구를 독살하려 한 혐의입니다.

    She was accused of poisoning her boy friend when **the victim** would break up with her.

– "대처하는 방식은 다릅니다" 는 '다른 대응 방식' 과 같이 형용사+명사 구조로 번역합니다.

– "자살을 결심합니다" 앞에 "극단적인 경우" 를 넣어 주면 문맥이 좀 더 부드럽게 읽힐 것입니다. 번역을 마친 후에는 자신이 번역한 글 전체를 읽어 보면서 다듬기 과정을 거치는 것이 좋습니다.

| 번역 |

On that day, she determined to be a parent who could at least afford to pay her child's tuition. Now that she is a success indirectly because of that humiliation, she feels **appreciative to** the teacher **for** stimulating, albeit unwittingly, her to succeed. In fact, anyone can be **in her shoes**. Like her, one can be slapped across the face or humiliated by **derogatory phrases** such as "How dare you think you can do anything right," be faced with **rude condescension**, or **be silently intimidated** by unspoken sentiments such as "You'll never succeed." To such slings of outrageous fortune, **'Victims'**

have a **variety of possible responses**. Some strongly determine that they will repay the humiliation later in life while others, **on the other extreme**, take their own lives.

중요한 것은 그 다음입니다. ① **일단 결심을 했어도** 자신의 의지를 ② **어디까지 끝고 갈 수 있는지**의 문제입니다. 누구나 결심을 합니다. 그런데 ③ **결심이 그냥 결심으로 끝나는 경우가** 꽤 **많습니다.** 그것은 '순간적인 만족'에 무너졌기 때문입니다. 인간이기 때문에 ③ **마음이 바뀌거나 약해질 수 있습니다.** ④ **그럴 수 있습니다.** 그러니 계속 결심이 필요합니다. 결심한 바를 실행에 옮겨 현실로 만들겠다는 또 다른 결심이 끊임없이 필요합니다. ⑤ **그래야** 내가 예전에 부러워했던 사람이 나를 부러워하는 **날이** 옵니다.

| 관련설명 |

– "일단 결심을 했어도"는 'Upon ～명사(～하자마자)'를 이용해 upon determination으로 번역합니다.

– "어디까지 끝고 갈 수 있는지"에서 "어디까지"를 how far로 쓰면 어색합니다. far는 의문문과 부정문에 쓰이는 단어이기 때문입니다. 그 대신 쓸 수 있는 the lengths to which를 기억해 두면 좋습니다.

한발 더 나아가 far와 a long way의 차이점을 알아볼까요?

1) far는 의문문과 부정문에 사용하고 a long way는 긍정문에 사용합니다.

How far did you walk? (의문문)

It is not far from here. (부정문)

We walked a long way. (긍정문)

2) far가 긍정문에 쓰이는 경우도 있습니다. too, enough, as, so와 함께 쓰일 때 그러합니다.

She's gone far enough / too far / as far as I know / so far.

3) 비교급 강조할 때도 긍정문에서 쓰인다.

She is far older than him.

4) 그 외에 "먼 나라"를 한영 번역할 때는 far country도 가능하나 대개는 고어 표현인 a distant country를 쓴다.

–"결심이 그냥 결심으로 끝나는 경우가 꽤 많습니다."는 그 다음 줄의 "마음이 바뀌거나 약해질 수 있습니다."와 그 의미가 비슷합니다. 그러니 그 구체적인 내용인 "마음이 바뀌거나 약해질 수 있습니다."로 번역합니다.

그리고 '꽤 많다'의 영어 표현은 빈도에 따라 sometimes, often, frequently 중 하나를 쓰면 됩니다.

1) 숙제가 어려울 때가 있습니다.

Sometimes, homework is difficult.

2) 그녀는 혼자 식사할 때가 많습니다.

She often eats alone.

3) 그는 우리 집에 밥 먹듯이 옵니다.

He frequently comes to our house.

–"그럴 수 있습니다"에서는 먼저 "그럴 수"의 의미를 파악해야 합니다. 전

문장이 결심을 했다가 어기고 다시 결심을 하고 또 다시 어기는 패턴을 반복한다는 의미이니 those falling into this pattern으로 번역합니다.

-"그래야 ~날이 옵니다"에서 "그래야"의 의미는 앞의 '(결심하고 또 결심해서) 성공하려는 그런 의지 / 결심이 있어야' 한다는 것입니다.
그리고 "~날이 옵니다"는 bring the day when~ 혹은 witness the day when~으로 번역합니다.

| 번역 |

Indeed, the next step is pivotal. **Upon making** a vow or determination, the question is **the lengths to which** they will persist in their determination. People can make resolutions. The problem is that **they often weaken in their resolve and quickly succumb** to instant gratification. **Those falling into this pattern** need to make incessant resolutions until they turn resolutions they once made into reality. The will to succeed will **witness the day when** those you once envied will envy you.

---

① **오늘 혹 모욕을 받으셨나요?** 내가 다시 한 번 ② **박차고 나갈** 자극을 받았다고 생각합시다. ③ **"그래 줘서 고맙다."**라고 말하며 그 모욕을 돌려줄 날을 ⑤ **기약해 봅시다.**

– "오늘 혹 모욕을 받으셨나요?"는 하루 종일을 의미하니 현재 완료 시제로 번역합니다. 또한 우리말 원문에는 없지만 영어는 질문 후 대답이 있어야 하니 if so를 추가합니다.

– "박차고 나갈"의 영어 표현은 move forward입니다.

– "그래 줘서 고맙다"의 의미 파악을 먼저 해야겠습니다. "그래 줘서"는 '모욕해 줘서'의 의미이고 과거의 일이니 thank A for B의 표현을 쓸 때 for 다음에 동명사의 완료 시제를 씁니다. 그러면 for having humiliated me가 될 것입니다.

그리고 "~라고 말하며" 앞에 모욕이 고마움의 대상이 되었으니 '여유 있게'라는 뜻을 지닌 graciously를 넣어 줍니다.

– "기약해 봅시다"는 '그런 날을 목표로 정하라'는 의미이니 set the goal of ~ing로 번역합니다.

| 번역 |

Have you been humiliated today? If so, just presume that you have been given the energy you need to **move forward**. At the same time, **set the goal of witnessing** the day when you will repay the humiliation you have experienced today and **graciously** say **"thank you for your having humiliated me."**

3. 수필에서 자주 나오는 표현

1| 회장님이 **축사를 했다**.

The chairperson **made a congratulatory remark**.

2| **추도사**를 하겠습니다.

He will make **a memorial address**.

3| **축하할 일이 생겼다면서요**.

I hear congratulations in order.

4| 개교 **20주년을 맞이하여** 기념식을 갖다.

We will host a ceremony **to celebrate the 20th anniversary of** the foundation of the school.

　cf. mark는 '경사'와 '재난' 두 경우 모두 사용

　　1) America marked 10th anniversary of 9.11 attacks.

　　　미국인들이 9.11 사태 10주년을 기념했습니다.

　　2) The couple marked 10th anniversary of marriage.

　　　그 부부가 결혼 10주년을 기념했습니다.

5| 이번 기회를 통하여 행사를 **준비하신 분들께 감사**를 드립니다.

I'd like to take this opportunity to **thank you for their efforts in organizing** the event.

6| 제대로 된 토론을 위해서 진행자는 **일부러 반대 입장을 취하는 사람**이 되어야 한다.

In an effort to get a discussion going, the presider often need to play **devil's advocate**.

7| 우리의 **미래를 위해 건배합시다.**

Please join me **in a toast to our future**.

8| 더 나은 미래를 위한 **희망을 저버리지 맙시다.**

Let's **harbor a hope fo**r a better future.

9| 그 개는 우리 가족의 **소중한 일원**입니다.

The dog is **a big part of** our family

10| 송금하기 전 **공인 인증 코드**가 필요합니다.

An authentication code is required before sending any
money.

11| 휴대폰에 **암호를 입력**하지 않고도 **잠금장치를 해제**할 수 있습니다.

Cell phone users can **unlock the phone** without **typing in** passwords.

12| 학교가 그에게 **휴학을 허가**했습니다.

The university **granted** him **leave from his studies**.

cf. 출산휴가 중(She is) on maternity leave

13| 그녀는 그 계획을 고수해야 할 몇 가지 **좋은 이유를 제시했습니다.**

She **put forward some cogent(=convincing) reasons for**
developing the plan.

14| 그녀가 흉부의 통증을 **호소하여** 인근 병원으로 이송되었습니다.

She was transported to a nearby hospital after **complaining of**
chest pain.

15| 그 아이는 **경미한 찰과상을 입긴**했지만 **심각한 부상**은 없었습니다.

The child was slightly bruised, but was fine without major
injuries.

16 | 라면은 **편리함의 대명사**이지만 성인병의 **위험을 높일 수** 있습니다.

Ramen is **the epitome of convenience but is linked to increased risk of** adult disease.

17 | 사람을 대하는 것을 보면 그 사람이 **어떤 사람인지 알 수 있습니다.**

How you treat people **defines** you.

18 | 자원봉사는 제가 **좋아서 하는** 일입니다.

Volunteering work is **a labor of love for** me.

19 | 다른 사람의 의견을 듣느라 **자신의 내면의 소리를 놓치면** 안 됩니다.

Don't let the noise of others' opinions **drown out your own inner voice.**

20 | 이 책은 번역에 대한 저의 **생각을 구체화**하는 데 도움을 주었습니다.

This book helped **shape my own views** on translation.

4. 총정리

우리나라 영어 학습자들은 수필이나 생활문의 번역을 어려워합니다. 학습을 통해 접하는 뉴스와 같은 정형화된 표현은 익숙하지만 말랑말랑한 생활문 표현은 낯설기 때문입니다. 언어뿐 아니라 문화도 다르기 때문에 필요한 표현을 찾다 보면 등가 표현(equivalents)이 있는 것보다 없는 경우가 더 많습니다. 그럴 때 표현을 만들어 내는 방법은 최소한의 단어로 나누고 그 의미를 번역하는 것입니다.

예를 들어 "반짝 세일"을 "반짝"과 "세일"로 나눈 후 국어사전을 찾아보면

"반짝"은 '짧은 시간'으로 정의되어 있습니다. 그리고 우리말 어순이 "반짝 세일"이라고 해서 우리말 어순대로 번역해야 되는 것은 아니니 sales for a short time으로 번역합니다. 그런 후 sales for a short time을 가만히 들여 다보면서 '짧은 시간'을 대신할 수 있는 형용사를 찾아봅니다. 짧은 시간이 니 '일시적인', 즉 temporary sales가 되겠습니다. 매번 표현은 다르겠지만 그 표현을 만들어 내는 사고 과정은 이와 비슷합니다.

생활문을 번역할 때 또 하나 기억해야 할 점은 '울림'입니다. 딱딱한 내용 전달이 아니라 사람의 생각을 전달하는 것이니 그런 마음이 읽혀지도록 표 현하는 것이 중요합니다. 앞에 나온 병행 지문에서 '잘 돌봐 주다'를 I will stand behind you every step of the way.라는 눈에 보이는 듯한 표현으 로 번역했습니다. 단순히 I'll take good care of you.로 번역하는 것보다는 분명 사람의 마음을 움직이는 '울림'의 차이가 있습니다.

하루가 즐거운
Punchline

선생님: 정은아, 10년 전에는 없었는데 지금은 있는 것 중에 중요한 것 한 가지만 말해 볼래?

정은: 저용!

Teacher: Jeungeun, name one important thing we have today that we didn't have ten years ago.

Jeungeun: Me!

번역은 write가 아니라 rewrite 과정입니다. 자신이 읽은 원문을 마치 원저자가 되어 그 글을 썼을 때의 원저자의 사고의 흐름을 느끼며 적절한 영어 구조와 표현으로 번역하려 노력해야 합니다.

시간은 누구에게든 주어지지만 그 시간을 어떻게 쓰는지는 각자가 다릅니다. 좋은 번역을 하고 싶다면 다양한 영어 지문을 읽으며 좋은 표현과 구조를 관찰하고 정리하고 암기하는 시간, 연어 등 비원어민이 자신의 실수를 줄일 수 있도록 공부하는 시간을 반드시 가져야 합니다. 처음은 너무 엄청난 일로 느껴져 엄두가 나지 않을 수도 있겠지만 막상 시작하고 조금씩 꾸준히 하다 보면 1년, 2년 후 변화가 생길 것입니다. 이렇게 공부하는 시간이 전문인을 만듭니다.